사례로 배우는

중소기업의
전략적 성과관리(BSC) 이론편

BSC

사례로 배우는

중소기업의
전략적 성과관리(BSC) 이론편

한국BSC연구회

이담
Books

최근 변화하는 경영환경 변화를 감안하여 기업에서는 기업의 주요 과정에 초점을 둔 새로운 성과관리시스템을 구축하기에 이르렀다.

이러한 성과관리시스템 중 대표적인 것은 미국의 로버트 캐플란(Robert Kaplan) 하버드대 교수와 컨설턴트인 데이비드 노턴(David Norton) 박사가 1992년 공동으로 창안한 경영혁신 기법인 전략적 성과관리(BSC)이다.

BSC의 구성요소는 미션, 비전, 관점, 전략목표, 핵심성공요인, 핵심성과목표, 이니셔티브로 구성된다. BSC는 기업환경, 시장ㆍ고객과 경쟁자 등 기업의 내ㆍ외부환경을 고려한 성과관리시스템으로 기업의 전형적인 재무성과는 물론 비재무적 성과 등 기업 내ㆍ외부의 성과에 초점을 둔 성과관리시스템이다.

이와 같은 성과관리시스템의 등장은 오늘날 기업에서 활용되고 있는 대부분의 성과가 너무 재무적 성과 위주로 편중되어 있고, 기업 경영전략의 실행과 긴밀한 관계를 맺지 못하고 있는 것에 기인한다고 할 수 있으며, 급변하는 환경 하에서 경영활동을 보다 효과적이고 효율적으로 수행하기 위해서는 기업의 성과관리시스템이 재무와 비재무, 과거, 현재, 미래에 대한 균형 잡힌 시각이 필요하기 때문이다.

최근 기업들은 자기 기업에 적합한 성과관리시스템을 개발하기 위하여 노력하고 있다. 그러나 모든 기업에 적합한 통일적인 성과관리시스템을 개발하는 것은 현실적으로 불가능할 것이다.

새로운 성과관리시스템을 설계하기 위해서는 무엇보다 기업의 미션과 비전, 경영전략들을 가시적인 목표와 성과지표들로 전환시켜야 하며, 성과지표들은 주주나 고객을 위한 외부적인 성과지표들과 기업 내부 활동에 대한 성과지표들 간에 균형이 필요하다. 이것은 또한 과거 노력들의 산출 결과물인 성과지표들과 미래의 성과 측정치들 간의 균형도 이루어져야 한다. 그리고 성과평가는 객관적이고 쉽게 정량화할 수 있는 결과물 성과지표와 주관적으로 다소 판단을 요구하는 결과물 성과지표의 성과동인(Performance Driver)들과도 균형을 이루어야 할 것이다. 물론 재무적 성과지표와 비재무적 성과지표들이 균형을 이루어야 함은 말할 필요가 없다.

세계적인 기업들을 살펴보면, GE, 코카콜라 등 포천지 선정 1000대 기업 중 약 50%가 채택하고 있으며 미국 재무부, 상무부 등 중앙정부기관과 세계은행, IMF 등 국제기관 등이 도입하고 있다. 싱가포르의 경우 정부 조직의 35%가 공식적으로 BSC를 도입, 사용하고 있으며 부분적으로 개념을 응용해 사용하는 조직을 합하면 이 수치가 70%에 이르고 있다.

국내의 실정은 참여정부의 출범과 함께 정부기관의 도입을 시작으로 현재는 공기업을 비롯한 중견기업 이상의 기업들이 성과관리시스템을 구축하였거나 구축을 준비하고 있으나 중소기업은 여러 여건상 성과관리의 어려움이 있어 구축하지 못하고 있는 기업이 대부분인 것이 현실이다.

　최근 한국경제신문이 한국경영정보학회 SEM연구회, 전국경제인연합회와 함께 국내 57개 기업 및 기관을 대상으로 실시한 BSC 도입 현황 조사 결과를 보면 도입기업의 71.5%가 만족한다고 답했으며 만족하지 않는다는 의사를 표시하는 의견은 9.5%에 불과했다.

　특히 '혁신과 신상품 개발 촉진'(81%), '고객만족도 향상'(81%)에 도움을 받았고 '수익률 향상'(71.4%)과 '신사업 전개'(69.2%) 등에도 효과가 있다는 응답이 많았다. 또 경영관리 측면에선 목표 지향성이 강화(90.5%)되고 전략에 대한 공감대가 형성(85.7%)된다고 답변했다.

　경영자라면 누구나 고효율 직무수행 조직을 구축할 비방을 만들고 싶어 한다. 게다가 기업 내의 관련 담당자들은 더욱 그렇다.

　성과관리기법으로 출발한 전략적 성과관리(BSC)가 변화관리, 혁신도구의 역할을 톡톡히 해내고 있다. 이를 반영하듯 전략적 성과관리(BSC)를 도입한 기업들은 이번 조사에서 전반적으로 높은 만족도를 보였다.

　성과평가방법의 일환으로 전략적 성과관리(BSC)를 도입한 기업들은 다른 성과관리기법을 도입한 기업과 3개 부문에서 많은 차이를 보이고 있는데 먼저 전략을 구체화시키는 부분에서 차이점을 드러냈다. 전략적 성과관리(BSC)를 도입한 기업들은 90.5%가 전략을 실천적인 용어로 구체화시킨 반면 다른 성과평가기법을 도입한 기업들은 50%만이 그렇다고 응답했다.

　전략실행결과에 대한 책임의식에서도 많은 격차를 나타냈다. 전략적 성과관리(BSC)를 도입한 기업들은 90.5%가 전략실행 결과에 대해 책임의식을 느끼는 반면 다른 기업들은 54.5%만이 그렇다고 답변했다.

보상·인센티브 시스템을 전략과 연계시키거나 개인역량을 개발하는 측면에서도 전략적 성과관리(BSC)는 다른 성과관리기법에 비해 우위를 나타냈다.

전략적 성과관리(BSC) 시스템 도입이 긍정적임에도 불구하고 중소기업에서 보급이 확산되지 못하는 가장 큰 이유는

1) 도입비용이 많이 들 것 같다.
2) 도입에 참여할 인재가 없다.
3) 시간이 오래 걸린다.
4) 뭔가 어려운 것 같다.

는 의견이 있는데 중소기업에 가장 알맞은 비용과 시간과 인력을 투입하여 최대의 효과를 얻는 데 중점을 두고 이 책을 집필하였다.

성과관리에 관심 있는 중소기업이 이 책의 내용대로 따라 하다 보면 어느새 전략적 성과관리(BSC) 시스템이 구축될 수 있도록 가능한 한 이론을 배제하고 실제 경험을 토대로 사례 중심으로 기술하였다.

자원의 추가 투자 없이 현재 보유한 인적자원을 최대한 활용하여 조직원들이 즐겁게 일할 수 있는 분위기를 만들고 조직원들 스스로 신나게 일해서 높은 성과를 창출하고 그 과실을 성과급으로 받는 선순환 구조를 만들어 중소기업의 국제경쟁력을 확보할 수 있기를 기대한다.

한국BSC연구회
회장 **최봉학**

차례

제 1 장

전략적 성과관리 개요

1. 성과관리의 필요성

성과관리는 개인과 조직의 성과를 체계적이고 효율적으로 관리하여 조직의 높은 성과 창출을 목표로 한다. 성과목표를 수립하고 목표를 달성하도록 지원하며, 성과를 측정하고, 평가하여 그 결과를 보상과 승진 등 처우에 반영함으로써 개인의 성취동기를 자극하여 자발적인 참여와 창의적 기여도를 향상시키고 조직의 성과를 창출하는 일련의 과정을 말한다.

성과관리 시스템을 도입, 운영하는 목적은 개인과 조직의 성과 창출을 최대화함으로써 인적자원관리의 선순환구조를 만들어 성과 달성에 대한 동기부여를 체계화하여 보다 높은 성과를 창출하게 한다. 또한 창출된 성과로 인해 보상의 재원과 개별보상의 차별화를 시행함으로써

- 우수인력의 유출을 방지하고,
- 구성원의 역량과 창의력 발휘를 통한 생산성 향상을 추구하고,
- 우수인력의 신규확보를 용이하게 하고,
- 평가과정에서 저성과자에 대한 효과적인 육성지도를 가능하게 한다.

전통적으로 기업이 사용해 온 성과측정시스템의 가장 큰 비판은 기업의 성과가 재무적인 척도에 너무 의존되어 왔다는 점이다. 그러나 기업의 성과는 재무적인 측면에서뿐만 아니라 학습과 성장능력, 고객 및 공급자 관계, 종업원 만족, 내부 프로세스 개선 등 비재무적이며 정성적인 측면에서도 평가되어야 하며, 이 모든 측면에서의 개선을 위한 기업의 모든 활동과 프로세스는 궁극적으로는 기업 전략과 연계되어 하나의 커다란 경영이론(Business Theory)을 이루어야 한다.

따라서 오늘날 성공적인 기업으로 존속하기 위해서 기업은 자신들이 추구하는 전략, 수행하는 활동, 그리고 성과의 측정이라는 세 가지 축의 관계를 밀접히 상호 작용하는 삼각구도(Triangular Relationship)로 인식할 필요가 있다. 예를 들어, 기업이 보다 나은 품질을 추구하고자 하는 전략적 목표를 갖고 있다면, 원하는 품질 수준을 달성하기 위한 일련의 활동들을 파악하고 전개할 필요가 있을 뿐만 아니라 이러한 활동들이 과연 품질의 향상을 이끌어 내고 있는지를 구체적인 자료를 통하여 주기적으로 평가하고, 이에 근거하여 사업 전략을 수정할 수 있는 성과측정시스템을 마련할 필요가 있다.

만일 우리가 품질의 향상을 위하여 전개한 활동들이 품질의 향상을 이끌어 내는 동인으로 부적절하다고 판단된 경우에는 우리가 현재 믿고 있는 경영이론은 타당성이 결여된 것이며, 이러한 문제의 인식은 우리가 현재 추구하고 있는 전략을 수정할 수 있는 근거가 된다. 기업의 종합적인 성과측정이란 기업이 설정한 전략적 목표를 달성하기 위하여 일련의 활동들을 전개하고, 이의 결과를 주기적으로 구체적인 자료로써 평가하며, 성취된 개선사항을 공표 및 보상하고 이를 피드백하여 기존의 전략을 수정하도록 하는 일련의 순환과정이다.

그러나 과거 기업의 성과는 주로 결과 변수인 재무지표(Financial Indicators)에만 초점이 맞추어져 왔으며, 이에 따라 기업 내 여러 부서들의 활동이 기업의 전략과 인과관계로 연결되어 전체적인 성과를 최적화하기보다는 부분적인 부서의 성과를 최적화하는 데 그쳤다고 볼 수 있다. 따라서 부서 간의 조화나 조직의 전략이 부서 활동들의 인과관계의 집합이라는 인식을 하지 못하였다.

전통적인 재무지표는 기업의 과거를 나타내 주는 성과 지표로 단기적이며 과거 지향적일 뿐 아니라 오늘날과 같이 경쟁이 심화되고 환경의 변화속도가 빠른 상황에서는 기업의 미래성과를 올바로 예측해 주기에는 한계가 있다. 전통적으로 재무회계(Financial Accounting)는 기업의 운영 상황과 건강 상태를 측정하는 주요 방법론이었다. 그러나 전통적인 재무 정보만 가지고 기업의 성과를 평가하는 것은 새로운 환경하에서는 충분하지 않다.

우리는 관계와 제휴, 지식과 능력, 그리고 여러 무형의 변수들이 점점 더 기업의 성공을 결정짓는 세계에 살고 있다. 따라서 보다 균형 잡힌 성과측정시스템이 필요하며, 이 성과측정시스템에는 이윤, 수익성, 주주 가치 등 재무성과뿐만 아니라, 고객과의 관계, 공급자와의 제휴, 내부 프로세스의 개선, 지적 자산, 조직의 학습 및 성장 능력 등 변화의 동인이 될 수 있는 비재무적인 성과도 포함되어야 한다. 즉 미래의 성과를 예측하고 모니터링하며, 기업의 가치를 지속적으로 창출하기 위해서 기업의 성과측정은 기업이 추구하는 전략과 맞물려 다양한 측면에서 이루어질 필요가 있는 것이다.

전략적 성과관리(BSC: Balanced Score Card)를 도입하는 목적은 아래와 같이 6가지로 대별하여 설명할 수 있다.

1) 전략달성의 촉진

전략적 성과관리(BSC)는 기업이나 조직의 미션을 정점으로 중장기 목표인 비전을 달성하기 위하여 기업의 가치창출 원천을 관점으로 구체화하여 전략목표를 설정하고, 전략목표는 전 조직에 할당되어 조직원은 조직이 지향하는 방향으로 성과를 창출하여 비전을 달성한다.

또한 핵심 역량에 자원을 집중하여 전략달성을 효과적으로 지원하고 비즈니스 현상과 결과에 대한 원인을 모니터링을 통하여 조기에 파악하고 적절한 전략적 조치를 하여 목표를 달성토록 한다.

2) 균형 잡힌 성과평가

조직은 내·외적 경영환경 속에서 경영성과를 극대화하기 위하여 전략을 수립하고, 그에 맞는 실행계획을 세우고 성과를 창출한다. 그러나 대다수의 기업은 재무적인 관점으로만 문제를 해결하려고 하는데 경영환경이 점차 복잡다단해지는 지금의 상황은 유형자산의 가치는 점차 쇠락하고 무형자산의 가치는 점차 증가하는 현실에서 회계장부에 나타난 재무적 경영자료만으로는 어려움이 크다.

그래서 전략적 성과관리(BSC)에서 말하는 균형(Balanced)의 의미는 재무성과평가 중심에서 재무·비재무성과를 모두 고려하는 것이며, 단기 중심적인 성과관리에서 장·단기 성과관리를 동시에 관리하는 것이다. 그리고 결과 중심의 성과평가로부터 성과를 발생시키는 원인에 대한 근본적인 관리를 하는 것을 말한다.

재무 관점, 고객 관점, 내부프로세스 관점, 학습과 성장 관점 등 다양한 관점과 선행 지표와 후행지표를 통해 기업이나 조직의 성과평가기준을 균형 있게 조절한다.

3) 책임경영의 구현

내가 하는 업무가 우리 팀에게, 우리 사업부에게 그리고 더 나아가서는 우리 조직에게 어떤 영향을 미치는지를 명확히 하는 과정을 통해 조직의 전체적인 전략하에서 자신이 조직에 기여하는지를 보여 주게 된다. BSC는 조직 구성원들에게 숲을 보여 줌으로써 숲을 통해 보이는 성과들 간의 인과관계를 파악하고 타 조직과 어떻게 연관관계를 맺고 있는지를 보여 줌으로써 결과에 대한 책임소재로 인한 갈등을 막아 준다.

전략목표, 성과목표, 성과지표를 선정할 때는 책임부서 또는 책임자가 명확히 제시되어 업무에 대한 권한과 책임이 부여됨으로 진취적으로 업무를 수행할 수 있는 여건을 조성하여 조직원들에게 동기를 부여한다.

4) 조직 변화의 촉진

경영활동이 성공적인 효과를 거두기 위해서는 조직 구성원들의 적극적인 참여가 필수적이다. 혁신에 대한 최고경영자의 관심과 지원도 중요한 성공 요소이지만 조직구성원들에게 "우리 조직이 왜 변화해야 하는가?"에 대한 당위성을 제시하지 못하면 경영혁신은 실패할 가능성이 크다.

조직 구성원들을 움직이게 하는 힘은 혁신과정에 대한 정당성을 부여하고 적극적인 호응과 동조를 얻을 때 움직이기 시작한다. BSC는 비전을 중심으로 전략과의 통합을 통해 유기적인 변화를 가능하게 한다.

조직의 변화관리방향은 경영전략의 방향과 일치해야 한다. 이로써 조직의 역량을 한곳으로 집중시킬 수 있고, 더 나아가 구성원들의 참여와 학습능력을 증대시켜 변화에 대한 추진력을 확보할 수 있다.

BSC추진 과정에서 가장 중요한 것은 BSC의 도입목적과 당위성을 구성원들에게 충분히 이해시키고 정보를 공유해야 변화를 성공시킬 수 있다.

5) 의사소통의 활성화

조직마다 조직의 특성이나 조직문화에 따라 사용하는 용어나 언어가 다른 의미를 가지는 경우가 많다. 조직구성원들이 서로 각자의 언어로만 이야기한다면 기업이나 조직의 목표달성은 어떻게 될까? 기업이나 조직이 최고의 성과를 기대한다면 조직 내에서 공통된 언어를 사용해야 한다.

BSC는 자신의 언어로만 말하는 개별 조직들에게 공통의 언어가 될 수 있다.

BSC는 조직의 미션, 비전과 전략을 달성하기 위하여 이루어지는 공식적이며 목표지향적이고 의사소통을 활성화시키는 역할을 한다.

기업이나 조직에서 의사소통 방향은 상의하달식인 경우가 많고 조직의 비전이나 전략도 일부 계층이 독점 관리하는 경우가 많다. 이런 의사소통 방법을 지향하고 BSC를 통해서 기업이나 조직의 비전과 전략뿐만 아니라 거의 모든 정보가 공유되고 활성화되어야 높은 성과를 창출할 수 있다.

6) 신뢰도 확보

BSC는 기업 내부의 전략적 역할들 외에 기업이나 조직의 가치를 외부의 이해관계자들에게 알리는 중요한 역할을 수행한다. 투자자나 기타 외부 이해 관계자들은 해당기업이나 조직의 가치에 대해 알아야 할 권리가 있고 기업이나 조직은 제시해야 할 의무가 있다.

지금까지의 재무제표나 손익계산서들은 이러한 기본적 의무를 다하기에 부족한 점이 많았다. 재무제표상의 가치와 실제 기업가치 사이에 수십 배의 갭이 존재하는 이유는 기업이나 조직의 현재 및 미래가치를 정확하게 제시하지 못하기 때문이다.

BSC에서 제공하는 정보들은 재무적 가치에 의존하던 이해관계자들에게 기업이나 조직의 미래가치를 가치창출의 근원부터 제시함으로써 투자자금 확보 및 기업가치 극대화를 이루어 이해관계자, 기업이나 조직, 조직원 모두를 만족시킬 수 있다.

2. 기업의 변화

1) 산업환경의 변화

19세기 후반부터 20세기 후반까지 이어진 산업사회에서 기업들은 규모와 범위의 경제로 기업이윤 극대화를 추구해 왔다. 궁극적으로 표준화된 제품을 효율적으로 대량 생산해 내는 물리적인 자산들 속에 신기술을 개발하는 기업들은 성공의 길을 걸어왔던 것이 사실이다.

그러나 20세기 후반부터 시작된 정보시대의 영향으로 산업사회에서 경쟁우위를 점했던 기업들도 한계상황에 봉착하고 있다. 더 이상 새로운 기술과 재무자산, 채무를 관리하는 것만으로 우위를 독점할 수 없기 때문이다. 어떤 기업이건 유형 혹은 무형자산을 동원하고 활용하는 능력이 물리적인 유형자산에 투자하고 관리하는 능력보다 훨씬 더 결정적인 성공요인이 되고 있는 것이다.

사회가 정보화, 지식기반 사회로 이동하면서, 기업의 경영환경이 급속히 변화하고 경쟁은 심화되면서, 경영 환경은 고객중심의 브랜드(Brand)와 인적자원 등 무형자산의 중요성과 비중이 커짐에 따라 기업들은 지속적인 성장을 위한 노력이 절실해지고 있다.

2) 기업환경의 변화

정보화, 지식기반 사회에서 무형자산의 가치는, 1980년 초에는 62%에서 2000년 초에는 90%로 증가하였다. 오늘날 기업이나 조직들은 정보화 · 지식기반 사회의 경영환경하에서 경쟁하고 있는데, 이러한 경영환경에서는, 기존의 유형적이고 물리적인 자산을 투자하고 관리하는 것 이외에도 무형자산을 얼마나 잘 활용하고 있느냐가 경쟁에서 이길 수 있는 비법이다.

이렇게 급속히 무형자산의 가치가 상승하고 있으나 무형자산의 가치는 명확하게 측정할 수 없다는 데 문제가 있다. 그러나 세계화가 진전됨에 따라 산업화 시대의 경쟁에 대한 근본 가정들인 품질, 원가, 납기 등은 기본적인 요소들이며, 이를 바탕으로 지식이나 핵심 역량과 같은 무형자산의 중요성이 더욱 부각되고 있다.

정보화시대에는 산업사회 조직이 가진 기능적 전문성으로부터 얻은 효과와 더불어 통합된 비즈니스 프로세스를 통해 얻은 속도감과 품질향상이 갖춰져야 한다. 뿐만 아니라, 정보기술에 의해 공급 프로세스와 생산 프로세스, 납품 프로세스를 통합할 수 있어야 한다. 생산계획에 의한 작업이 아닌 가치사슬을 통한 고객주문이 이뤄지고 있는 시점이기 때문이다. 세분화된 고객들의 취향에 맞춘 제품을 공급할 수 있는 방법을 터득하는 것이 현 기업들의 과제인 것이다.

이제 기업들은 제품 라이프사이클의 지속적인 단축, 급격한 기술혁신 요구에 직면해 있다. 고객의 미래욕구를 예측하고 급진적인 신제품과 서비스를 고안하는 것뿐만 아니라 이를 운영하고 유통시키는데 신속 대응해야 한다. 때문에 한계가 보이는 전통적인 재무회계 모형에서 벗어나 새로운 관리 시스템을 갖추어야 할 때가 된 것이다.

재무회계 모형은 물리적 자산이나 유형자산 관리에 탁월한 기능으로 수백 년간 회사전반의 관리 시스템으로 중추적인 역할을 해왔다. 그러나 정보화시대에는 무형자산과 비물리적인 요소의 관리가 더 중요해지고 있다.

전통적 재무회계 모형이 장기적인 경쟁역량을 흡수하는 형태로 재구축돼야 한다는 요구가 팽배해지면서 부각된 것이 바로 BSC인 것이다.

3) 경영환경의 변화

(1) 자산가치의 변화

사회는 지속적으로 발전하면서 산업사회에서는 기술이나 기능이 중심이었다면, 지식 사회는 지식이 중심이 되는 사회로, 점차 유형 자산의 가치에 비하여 무형자산의 가치가 비약적으로 증가하고 있는데, 무형자산의 가치가 향상되면서, 시장에서 전략적 지배력을 확보하려는 경쟁은 점점 무형자산을 확보하려는 기업 간 경쟁으로 변모되고 있다.

기업들은 어떤 기술을 특정 사업 활동에 어떻게 적용하여 노동 생산성과 자본 생산성 우위를 획득할 것인지에 대한 구체적인 지식을 가지고 있다. 또 스킬을 가진 사람을 고용하여 기업 운영 향상에 활용한다. 다른 기업 및 고객들과 유대관계를 구축하고, 고객 및 공급업체와 상호작용을 수행하면서 명성을 쌓는다.

여기서 어려운 과제는 이러한 무형자산을 지적 재산, 인재, 네트워크, 브랜드 등 네 종류의 무형자본으로 전환하는 작업을 가장 효과적으로 관리하는 것이다.

이것은 물론 쉽지 않은 일이지만 기업들이 아무것도 없는 황무지에서 무형자본을 구축하는 것은 아니다. 무형 자본을 만들어 내는 무형자산은 이미 몇 해에 걸친 사업 활동을 통해서 부산물로 생성되기 때문이다.

① 지식을 지적 재산으로

대부분의 기업들은 경쟁우위를 확보하기 위한 특유의 지식을 보유하고 있다.

이 지식은 기술개발, 핵심 사업 프로세스에 대한 숙련, 또는 정보나 경험 등의 형태를 취할 수 있다. 이러한 자산은 잠재적인 가치를 가지고 있지만 기업의 운영부문에 내재되어 있어서 다른 기회를 잡으려 할 때 쉽게 동원할 수 없다는 점에서 상당 부분 비유동적이다. 또한 모양과 형태가 너무 다양하고 조직에 깊숙이 내재되어 있는 경우가 많다는 데 어려움이 있다.

특히, 가장 가치 있는 지식의 상당부분은 사람의 머릿속에 존재한다. 따라서 이를 무형 자본으로 전환하는 것은 매우 어렵다. 인재팀을 활용한 접근법은 조직의 지식을 발굴, 동원, 통합하고 이를 특정기회에 적용할 수 있는 가장 효과적인 방법이다. 이를 시행하는 것은 어려운 작업이지만 이를 활용할 수 있을 때 기업은 그 노력의 대가를 얻을 수 있을 것이다.

② 인력을 인재로

성공한 기업의 중심에는 언제나 인재가 있다. 현재 인재의 가치는 그 어느 때보다도 높다. 세계 경제가 개방되면서 세계 최고의 인재들은 상호작용 비용의 하락에 따라 한층 넓은 지역에서 활용될 수 있기 때문에 막대한 효과를 창출할 수 있다. 또한 인재는 전문화를 달성할 수 있는 기회의 근간이며 모든 무형자본의 모든 구성요소의 근간이다. 사람들이 인재라고 할 때는 우수한 능력을 가진 사람에서부터 일반적인 스킬이나 기업의 의사결정을 도출하는 능력과 같은 단순한 것에 이르기까지 다양한 것을 의미한다. 그러므로 인재란 적절한 자질, 지식, 스킬 등을 가진 개인을 활용해 특정 기회를 이익 기반으로 만들어 내는 것을 말한다.

③ 유대관계를 네트워크로

유대관계와 네트워크의 차이는 무엇인가? 유대관계는 정보와 아이디어, 가치를 교환하는 열려 있는 커뮤니케이션 라인이다. 좋은 유대관계는 기회에 특권적으로 접근할 수 있게 해 주거나 다른 무형자본의 원천이 되어 상호 간에 경제적 이익을 안겨 줄 때 네트워크의 한 노드(node)로 발전할 수 있다.

상호 간의 가치에 입각하고 있는 유대 관계에서 가치를 창출하려면 네트워크로 발전시켜야 하는데, 이는 많은 시간과 자금을 필요로 하는 과정이다. 오늘날의 글로벌 경제의 맥락에서 보면 내부 및 외부 네트워크에 기초한 전략은 고객과 공급업체를 확보하고 지식을 동원하고 활용하는 데 있어 더욱 중요해지고 있기 때문이다.

네트워크 이론의 관점에서는 네트워크를 성공적으로 관리하는 것이 가치창출의 기반이 된다. 각 노드들이 자신이 지닌 효과를 발휘하기 위해 네트워크에 의존하게 되면서 네트워크 소유자는 네트워크 참가자에 대해 영향력을 확보하게 되고, 표준을 수립하고 네트워크 접근을 지배할 수 있게 된다.

④ 명성을 브랜드로

브랜드는 명성에서 창출되는 무형자본이다. 대부분의 사람들은 브랜드가 순전히 제품이나 기업이 제공하는 서비스 그 자체인 것으로 생각한다. 하지만 신뢰할 수 있는 기업, 신뢰할 수 있는 파트

너, 고객 요구에 신속하게 대응할 수 있는 기업 등과 같은 것도 브랜드의 하나가 될 수 있다. 이러한 경우의 브랜드는 모든 시장에서 동일한 가치를 고객에게 제공한다. 즉 반복된 만족에서 비롯되는 신뢰에 힘입어 상호작용비용을 낮추고 구매 관련 리스크를 줄일 수 있는 것이다. 이 결과 이 브랜드를 사용하는 공급자는 가격 프리미엄의 획득, 매출의 증가, 이용률의 상승 등을 달성할 수 있다.

명성이 어떻게 브랜드가 되는지를 이해하려면 우선 브랜드가 무엇인지를 명확히 이해해야 한다. 이름이 브랜드가 되기 위해서는

첫째, 이 이름을 가진 어떤 제품을 사용했을 때, 그 이름과 연관된 유형 및 무형의 혜택이 획득되어야 하며

둘째, 이름과 혜택 간의 연관성이 고객의 충성심을 유발하고 고객이 그 혜택을 얻기 위해 가격 프리미엄을 기꺼이 지불할 정도로 강해야 한다. 강력한 브랜드는 기업의 성과와 시장이 기업을 보는 관점에 상당한 영향을 줄 수 있다.

(2) 통합적 무형자산 관리 방식

하나의 무형자산에서 다른 무형자산을 만들어 내어 많은 무형자산을 구축하는 통합적인 접근방식을 취할 때, 무형자산의 힘은 가장 크게 발휘된다. 사실 무형자산은 활용될 때, 그 가치가 상승하는데, 사용되는 과정에서 새로운 무형자산이 창출되고 이에 따라 수확체증이 발생하기 때문이다. 따라서 기업들은 자신이 가진 무형자산을 동원해 글로벌 가치를 창출해야 한다.

특히 사업자들은 자신의 회사의 본질을 파악하고 경쟁에서 내세울 수 있는 자신만의 특유한 것이 무엇인지를 파악하는 것이 무엇보다 중요하다. 변화의 힘에 따라 전략적 자유도가 늘어나면서 선택할 수 있는 기업들이 선택할 수 있는 행동의 범위도 무한해졌다. 따라서 이제 기업들에게 남은 앞으로의 과제는 올바른 글로벌 기회를 잡을 수 있도록 기업을 조율하고 적응시켜 많은 성공전략 가운데서 자신에게 꼭 맞는 전략을 찾아내는 것이다.

(3) 기업 비전의 전략적 이행

대부분의 기업들은, 과거, 전략의 톱다운(Top Down)의 실행에서, 환경변화가 심한 오늘날은 날마다 업무집행에만 주력하고 있는 상태이다. 이제는 "업무집행에의 주력과 그 초월성"에 더해 "보다 큰 시야로 조직전체가 가야 할 것을 제안하고 비전과 전략을 설정, 실현해 간다."는 것이 필요하다. 따라서 "업무집행 중에서 조직전체에 영향을 주는 비전과 전략을 달성하는 체제로 정비해 간다."는 것이 필요하다.

기업 비전의 전략적 이행에 대한 조사결과는, 조사기업 중 97%가 비전을 보유하고 있지만, 비전이 전략적 성공으로 이행된 기업은 33%에 불과하다. 기업이 성공하지 못하는 가장 큰 이유는 전략이 잘못된 경우보다는 전략대로 실행을 하지 못하는 데에 기인한다고 볼 수 있다.

BSC는 반드시 실행을 요구하고 있다. 그 결과 높은 성과를 창출할 수 있는 것이다.

(4) Knowing-Doing Gap(KDG)

무엇을 해야 하는지 알고 있다는 것만으로는 충분하지 않고, 모르기 때문에 행동하지 못하는 것보다 "알면서도 행동하지 못하는 것"이 진정한 문제로, 성공하지 못한 원인의 70~80%는 실행력 부족이었다.

실패한 CEO의 70% 정도는 전략의 실행력 부족을 들고 있으며, GE사의 경우, 리더 조건은 3E+Execute이다. 포춘지는 체계화된 전략을 성공적으로 실행한 비율은 불과 10%라고 말하고 있으며 체계화된 전략보다 전략의 실행력이 더 중요하다고 비즈니스 위크지는 언급하고 있다.

지식의 획득과 창출측면과 지식의 활용측면의 차이를 Knowing-Doing Gap이라고 하는데 이 차이가 기업이나 조직의 성과의 차이로 나타난다. 이 차이를 가능한 많이 줄이고 성과를 창출하는 기업이나 조직만이 성공의 대열에 참여할 수 있다.

BSC는 창의적이고 진취적으로 일하는 조직을 만드는 도구로 사용될 때 효과를 발휘한다.

4) 정부의 성과관리

대내외 경제여건 및 환경은 급격히 변화하고 있다. 참여정부는 출범과 함께 혁신을 최우선 과제로 수행하고 있었으며, 2000년 초부터 민간 기업을 중심으로 빠르게 변화하는 경영 환경에 대처하고 무한경쟁하에 기업의 경쟁력을 지속적으로 유지하고 발전시키는 방안으로 성과관리 및 평가에 대한 논의가 확대되고 있었다.

이러한 성과관리 및 평가에 대한 논의는 점차 그 영역을 넓혀 공공부문에도 확산 적용되고 있는데, 특히 2004년도에 노무현대통령이 정부혁신을 위해 성과평가와 이를 인사에 반영하라고 독려(2004.9.4.:연합뉴스)하면서 공공부문의 성과평가에 대한 논의와 도입이 더욱 가속화되어 참여정부는 지속적으로 성과관리를 정부와 공공기관에 확산시켜 왔으며 참여정부의 정권말기인 2008년 2월 발표된 국세청의 성과급을 보면 민간기업 정도의 성과급을 지급하고 있다.

국세청이 이처럼 직급 내 성과급 차이를 일반기업 수준으로 확대한 것은 능력에 따른 보상을 통해 직원 간 경쟁을 제고하는 한편 핵심 인력의 외부이탈을 막기 위해서다.

국세청 관계자는 18일 "현행 4단계로 돼 있는 평가 등급에 2008년부터 SS(슈퍼S) 등급을 추가해 해당 등급을 받게 되면 일괄적으로 500만 원을 더 지급기로 했다."면서 "SS등급으로 분류되는 직

<국세청 직급(4~9)별 상여 성과금>

단위: 만 원

	SS등급 (대상자의 4%)	S등급 (대상자의 16%)	A등급 (대상자의 40%)	B등급 (대상자의 30%)	C등급 (대상자의 10%)
4급	1171	671	467	262	0
5급	1081	581	404	227	0
6급	1022	522	363	204	0
7급	914	414	288	162	0
8급	847	347	241	135	0
9급	789	289	201	113	9

출처: 한국경제신문

원 수는 대상자의 4%인 800명에 이를 것"이라고 말했다.

관련 규정에 따르면 각 부처는 직원들의 업무 성과를 평가해 전체 대상자의 20%를 S등급, 40%는 A등급, 30%는 B등급, 10%는 C등급 등 4단계로 분류하도록 돼 있다. 물론 기관장의 재량에 따라 비율은 10% 범위 내에서 조정할 수 있다.

등급별 성과상여금은 S등급의 경우 직급별 지급기준액의 230%, A등급은 160%, B등급은 90% 등이다. C등급으로 분류되면 상여금은 없다. 올해의 성과상여금 지급기준액은 4급 292만 원, 5급 253만 원, 6급 227만 원, 7급 180만 원, 8급 151만 원, 9급 126만 원 등으로 정해져 있다.

이 같은 기준에 따라 타 부처의 성과급 차이는 9급이 최대 289만 원, 4급은 최대 671만 원 수준이지만 SS등급이 신설되는 국세청의 경우 9급은 789만 원으로, 4~6급은 1022만~1171만 원까지 대폭 확대된다.

예를 들어 SS등급을 받는 국세청 4급 서기관에게는 지급기준액 290만 원의 230%에 500만 원이 추가된 1171만 원이 주어진다. 국세청의 다른 관계자는 "관련 규정에 S등급 가운데 탁월한 능력을 보인 직원에겐 230% 이상 지급할 수 있도록 돼 있다."면서 "이번 성과상여금 지급은 이런 규정을 적극 활용한 것"이라고 설명했다. 국세청은 과거 성과상여금을 현금으로 준 데 따른 회식 등 일부 부작용을 감안, 등급 분류 결과를 개별 통보하는 한편 상여금도 개인 계좌로 입금할 예정이다.

국세청에서는 국제조사 등 고도의 전문성이 요구되는 업무를 담당했던 직원들이 고액의 연봉을 받고 대형 로펌이나 회계법인으로

옮기는 사례가 적지 않았다.

한상률 청장도 2008년도 신년사에서 직원성과 평가와 보상, 조직 운영 등에서 기업식 경영기법을 적극 도입하겠다고 밝힌 바 있다.

국세청 내부에서는 이번 성과상여금을 SS등급 직원들에게 1000만 원을 지급하자는 건의도 있었지만, 향후 성과평가 시스템을 더욱 정교하게 정비한 뒤 단계적으로 확대하기로 방침을 정한 것으로 알려졌다.

국세청 고위 관계자는 "공직사회에서도 가능한 범위에서 성과상여금 차이를 두게 되면 우수인력을 잡지 못하는 사례를 줄일 수 있다."면서 "공정한 평가와 보상이 전제돼야 하겠지만 나눠 먹기식으로 성과상여금이 지급되면 그 조직은 발전할 수 없다."고 말했다.

결국, 향후 기업이나 조직의 성패 여부를 판단하는 기준이나 원천은 지식과 같은 무형자산의 우수성에 따라 결정된다. 무형자산은 결국 인재가 보유하게 됨으로 인재관리의 중요성이 더욱 부각되고 있다.

국세청이 안고 있는 인재관리의 문제점은 중소기업은 더욱 심각하고 중요한 사안이다. 자원의 추가 투입 없이 어떻게 높은 성과를 창출할 것인가? 해답은 유능한 인재를 확보하고 그들이 회사를 위해서 헌신, 봉사해 줄 것을 희망하지만 인재의 입장에서 보면 더 높은 보수와 처우가 보장된 직장으로의 이직 유혹은 상존하고 있다.

정부 및 공공부문에서는 벌써 3~4년의 경험과 자료가 축적된 상태지만 중소기업의 입장에서 보면 성과관리 및 평가에 대한 프로젝트의 수행 경험이 부족하여 실제 도입 시에 많은 어려움을 겪고 있다. 따라서 프로젝트 수행 시, 시행착오를 줄이고, 원활한 도입을 위해서는 성과관리와 성과평가 전반에 대한 충분한 사전교육이 절실히 필요하다.

5) 정부의 경제운용 정책

이명박 대통령은 대통령선거 시에 747공약을 표방하였다. 임기 내내 7%의 성장을 유지해 1인당 국민소득 4만 달러의 세계 7대 경제 강국으로 도약하겠다는 내용으로 경제철학의 주축은 '경쟁 촉진형' 경제운용이다. 즉 정부의 규제를 최소화하고 세금을 줄여 경제 주체들이 시장에서 경쟁하고 창의를 발휘하게 한다는 것이다.

또한, 주요 국정과제로서 "1. 활기찬 시장경제, 2. 인재대국, 3. 글로벌 코리아, 4. 능동적 복지, 5. 섬기는 정부"를 선정하였다. 이 중 기업의 성과평가와 관련된 내용을 세부적으로 보면, 1. 활기찬 시장경제에서는, 세금을 줄이고, 공기업의 민영화를 도모하고, 규제를 완화하여 경쟁을 촉진시키는 등, 5. 섬기는 정부에서는, 공공기관 경영혁신, 지방자치단체 평가제도 개선 등이 포함되어 있다.

최근 기업과 관련된 환경을 보면, 기업들은 전 세계적 무한경쟁에 처해 있어, 1. 글로벌 코리아로 가야 할 것이며, 2.기업들은 무형 자산인 인력을 인재로 육성하여 활용할 것이며, 3. 인재들을 확보, 유지하기 위하여 능동적 복지를 조직구성원들에게 베풀어야 할 것이다.

정보화, 지식기반 사회 이후의 21세기 새로운 문명은 결국 사람을 통해 구현될 것이다. 즉 "사람중심 경영"이 기업을 경쟁력 있게 만들어 지속적 성장을 이루게 할 것이다.

따라서 BSC는 과거의 재무와 고객관점뿐만 아니라, 고객과 성과 향상을 위한 프로세스관점과 직원들을 위한 학습과 성장관점에서, 기업의 미션과 비전을 달성하기 위한 전략을 커뮤니케이션을 통해 전사적으로 구축, 실행하고, 이에 대한 보상을 하는 성과평가 시스템으로, 21세기 새로운 문명에 대응할 수 있는, "민간기업은 물론, 공기업에까지 적용" 할 수 있는, '지속적인 성장'을 가능케 하는 혁신적인 경영시스템이라고 할 수 있다.

제 2 장

성과관리 방법

:: 성과관리 방법

1. 전략적 성과관리(BSC)의 개요

1) 전략적 성과관리(BSC)의 발단

1991년 Robert Eccles는 *Harvard Business Review*에 기고한 글("The Performance Measurement Manifesto")에서 기존의 성과측정방법의 한계를 통렬히 비판하면서 모든 기업은 앞으로 5년 이내에 자신들의 사업성과를 측정하는 방법을 다시 설계해야만 할 것이라고 예견한 바 있다.

구미의 경우 그의 예견은 맞아 떨어지고 있다. 미국의 컨설팅 회사인 Towers Perrin은 1996년 자신들의 가장 큰 고객인 100개의 기업을 대상으로 성과측정관행을 조사한 바 있는데, 조사결과에 의하면 그들의 60%가 자신들의 사업성과를 측정하기 위하여 전략적 성과관리(BSC)를 사용하고 있으며, 이들 대부분이 과거 2년 동안에 BSC를 도입한 것으로 나타났다. 미국 Institute of Management Accountants에서도 이와 비슷한 결과를 보고하였는데, 이 조사에서는 미국 기업들 중 64% 정도가 비재무적 성과의 측정과 수집, 그리고 결과를 보고할 수 있는 새로운 방법을 적극적으로 모색하고 실험하고 있다는 보고를 하였다.

또한 1996년도에 미국 312개 기업을 대상으로 실시된 기업성과 측정 연구에서도 조사대상 기업들이 사용하는 성과지표들 중 재무지표는 27% 정도만을 차지하고 나머지 73%는 품질, 고객만족, 생산성, 종업원 및 시장과 관련된 지표들로 구성되어 있음이 보고된 바 있다. 영국에서도 MORI라는 시장조사기관이 미래기업연구소(Centre for Tomorrow's Company)의 위탁을 받아 비슷한 연구를 수행한 바 있는데, 이 연구에서는 기업의 중역들에게 그들 자신이 기업의 모든 이해관계자들, 예를 들어, 소비자, 종업원, 공급업자, 지역사회 등의 요구사항을 고려하여 그들의 욕구를 잘 만족시켜 준다고 믿느냐는 질문이 이루어졌다.

이 연구에 따르면 1996년의 경우 조사대상 중역들 중 73%가 이 질문에 그렇다고 대답하였는데, 이것은 5년 전 수행한 조사결과와 비교해서는 매우 큰 발전으로 5년 전에는 단지 20%의 조사대상자들만이 그렇다고 대답한 바 있다.

그렇다면 무엇이 이러한 변화를 이끌어 냈는가? 변화란 보통 현 상황에 대한 불만에서 발생하게 된다. 기업성과의 측정에 있어서도 예외는 아니다. 변화를 이끌어 낸 동인은 두 가지로 요약할 수 있다. 첫째는 기업이 사용해 온 성과측정시스템이 근본적으로 잘못되었다는 것이고, 둘째는 이러한 근본적인 잘못을 극복할 수 있는 방법이 있다는 것이다.

전통적으로 기업에서 사용해 온 성과측정시스템은 어떠한 점에서 근본적인 오류가 있는가? 대부분의 전통적인 성과지표들은 과거지향적이다. 자동차를 운전할 때 백미러만 보고, 테니스 경기를 할 때 상대편의 몸동작과 공을 보기보다는 점수판에 집착하는 것을 상상해 보라.

물론 그 누구도 이렇게는 행동하지 않을 것이다. 그러나 이러한 일들이 기업에서는 일어나고 있으며, 기업에서 사용하고 있는 전통적인 성과지표들은 바로 자동차의 백미러나 테니스 점수판과 같은 것이다. 이러한 전통적인 성과지표들은 지난주나 지난달 또는 지난해에 무엇이 일어났는가는 이야기해 줄 수 있으나 앞으로 무슨 일이 일어날지에 대해서는 정보를 제공해 주지 못한다.

그러나 미래성과에 대한 예측이야말로 기업에서 관심을 가져야 할 분야이다. 전통적으로 회계 부서는 그저께 일어난 일에 대하여 어제 정리하고 오늘 보고하고 있으나, 경영자들이 관심을 갖고 알고 싶어 하는 것은 내일의 일이다.

이와 함께 진부하고 필요 없는 성과지표들이 너무도 많이 존재한다. 기업들은 대부분 성과지표들을 최신화하지 않는다. 새로운 지표들은 고객의 요구나 경영자의 필요 그리고 성과에 문제가 있을 경우 새로이 소개된다. 그러나 진부한 측정지표들은 거의 삭제되지 않고 그대로 존재하여 기업의 노력을 분산시키고 의사결정을 늦추는 결과를 가져온다.

측정대상이 잘못된 경우도 있다. 일반적으로 사람들은 측정하기 쉬운 것을 측정하려는 경향이 있다. 따라서 많은 기업들이 많게는 수백 가지의 내부지향적인 운영성과나 재무성과를 측정하고는 있으나 고객이 실로 필요로 하고 원하는 것은 측정하지 못하고 있다.

또한 조직의 전략과 성과지표들 간의 통합도 부족하다. 대부분의 기업에 있어서 성과측정과 관련된 가장 심각한 문제는 그들이 사용하고 있는 성과지표들이 서로 연결이 되어 있지 않고 사업 전략과도 일치하지 않는다는 것이다. 성과지표의 전략과의 연계는 매우 강력한 힘을 발휘할 수 있다. 기업이 추구하는 전략과 일치하는 성과지표들은 전략이 올바로 시행되고 있는지에 대한 정보를 제공해 줄 뿐만 아니라 전략과 일치하는 올바른 행동을 부추길 수 있는 것이다. 반면 전략과 관계없이 부적절하게 도입된 성과지표들은 전략의 실행을 오히려 방해하게 된다.

2) 전략적 성과관리(BSC)의 등장

(1) BSC의 등장배경

Kaplan과 Norton이 수행한 일련의 기업체 컨설팅 경험에 의해 개발되어 기업성과측정의 새로운 틀(Framework)로서 각광 받고 있는 BSC는 전통적인 성과측정관행의 잘못을 극복할 수 있는 방법론으로 등장하였다. BSC는 주요 사업성과를 관리 가능한 몇 개의 핵심성과지표(Key Performance Indicators: KPI)로 명료하게 통합하여 경영자로 하여금 기업의 건강상태를 신속히 검토할 수 있도록 하는 시스템으로 그 형태는 시간에 따라 행동을 평가하고 수정하도록 하는 비행기나 자동차의 컨트롤 패널과 유사하다.

　BSC는 기본적으로 기업의 성과를 재무관점(Financial Perspective), 고객 관점(Customer Perspective), 내부 프로세스 관점(Internal Business Perspective), 그리고 학습과 성장 관점(Learning and Growth Perspective)이라는 네 가지 영역에서 평가하고 이에 근거하여 기업의 성장을 지속적으로 검토하고 기업의 가치를 창조하고자 하는 시스템으로서의 가치를 갖는다.

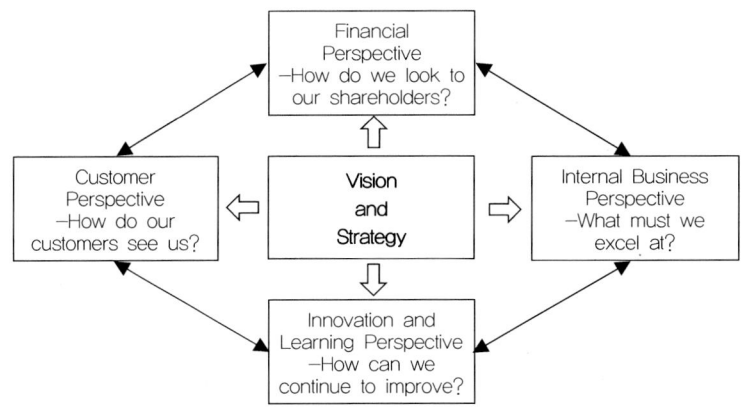

Kaplan & Norton's Balanced Scorecard

　BSC는 이러한 네 가지 영역 각각을 세 개 내지 다섯 개의 주요 성과지표들로 축약하여 평가함으로써 조직의 단기적 및 장기적 건강을 한눈에 종합적으로 볼 수 있도록 한다. 그리고 이 네 가지 영역은 분리되어 평가되는 것이 아니라 기업의 비전과 전략에 맞추어 인과관계를 가지고 연계되어 있으며, 재무성과가 궁극적인 결과 지표(Lagging Indicator)로서의 역할을 하게 된다.

BSC가 1992년 *Harvard Business Review*에 처음 소개되었을 때는 전통적인 재무성과에만 한정하여 기업의 성과를 평가하는 것에 대한 한계를 극복하고자 하는 목적에서 재무성과뿐만 아니라 재무성과의 동인이 되는 비재무적 성과에도 초점을 맞춘 균형 잡힌 성과측정의 틀로서의 유용성이 부각되었다.

그러나 BSC는 기업의 성과를 다차원적으로 측정한다는 것 이상의 중요한 의미를 내포하고 있다. 즉 단순히 재무성과와 비재무적 성과를 함께 측정하여 기업의 성과를 평가한다는 차원에서 벗어나 다양한 영역의 성과지표들을 사업단위의 독특한 전략으로부터 도출하고, 이들을 인과관계로 연계시킴으로써 조직이 취하는 모든 노력이 조직이 설정한 전략을 달성하기 위해 응집되도록 하며, 성과평가를 통해 자신의 전략을 새로이 수정할 수 있도록 하는 전략적 경영 시스템으로서의 보다 큰 가치를 갖고 있다.

(2) BSC가 유행하게 된 이유

첫째, 시기적으로 BSC가 추구하는 것과 기업이 요구하는 것이 일치하였기 때문이다. 전통적인 성과측정시스템에 대한 불만족, 그리고 이와 함께 점점 더 복잡해지는 경영환경에 적응해야 하는 필요성의 증대는 매우 큰 시장 기회를 형성하게 된 것이다. 즉 필요가 기회를 창조한 것이다.

둘째, BSC의 개념은 일견 단순해 보이나 많은 의미를 함축하고 있다. 즉 BSC를 처음 접하는 사람들도 그것이 의미하는 바를 곧 이해할 수 있으며, 그 개념을 깊이 들여다보게 되면 처음 생각했던 것보다 훨씬 많은 것이 함축되어 있음을 알 수 있다.

BSC의 기본은 단순하다. BSC가 주장하는 바는 만일 기업이 종합적이고 균형 잡힌 성과측정시스템을 갖고 있다면 기업의 구성원들은 다음의 네 가지 질문에 답할 수 있어야 한다는 것이다.

첫째는 조직의 재무성과에 관한 질문으로 "우리는 주주들에게 어떻게 보이고 있는가"이다. 여기서는 전통적인 재무성과를 모니터하게 되는데 이 영역의 성과지표로는 매출액, 수익성, 주주 가치 등을 예로 들 수 있다.

둘째는 고객과의 관계를 나타내는 질문으로 "우리의 고객들은 우리를 어떻게 생각하고 있는가"이다. 여기서는 고객의 눈을 통해 우리를 바라보는 것으로 성과지표로는 서비스 만족도, 고객만족도, 재 구매비율 등을 예로 들 수 있다.

셋째는 내부 프로세스와 관련된 질문으로서 "우리는 무엇에 초점을 맞추어 뛰어나야 하는가"이다. 여기서는 기업 내부의 업무 프로세스 그리고 절차의 효율성과 효과성을 평가한다. 성과지표로는 개발지표, 생산지표, 품질지표 등을 예로 들 수 있다.

넷째는 조직의 혁신과 학습 역량과 관련된 질문으로 "우리는 어떻게 하면 계속하여 혁신하고 가치를 창조할 수 있는가"이다.

여기서는 보통 종업원 및 정보시스템과 관련된 사안을 이야기한다. 성과지표로는 지적자본, 시장혁신, 연구개발, 종업원 교육, 정보기술과 관련된 지표가 포함된다. 처음의 두 질문은 기업의 현상에 관한 것이고, 다음의 두 질문은 기업의 미래에 관한 것이다. 여기서 중요한 것은 BSC의 성과지표들은 영역별로 따로 유리되어 평가되어서는 안 된다는 것이다.

주요 성과지표들은 서로 인과관계를 갖고 연결되어 하나의 경영 이론을 이루어야 하며, 이러한 연결고리의 종착지는 재무성과의 형태가 되도록 한다. 또한 기업의 성과지표들은 기업의 현재 위치를 고려하여 독특한 사업전략으로부터 유도되어야 한다는 것이다. BSC의 성과지표들은 단순한 성공요소들의 집합이 아니며 모든 기업에 일반적으로 적용할 수 있는 성과지표도 존재하지 않는다.

어떠한 기업이든 BSC를 개발하고자 한다면 위의 네 가지 영역들을 인과관계로 연결시킬 수 있어야 한다. 구체적으로 우선 기업은 현재 자신들이 주주들에게 어떻게 보이고 있는지 그리고 어떻게 보이기를 원하는지를 고려하여야 한다. 따라서 이 영역에서 생각해 보아야 할 질문들은 다음과 같다.

우리는 이 사업에서 무엇을 하려고 하는가? 이것이 우리가 투자하여 성장시키기를 원하는 것인가? 일단 이 질문들에 대한 답을 하였으면 기업은 이러한 재무 전략을 성취하기 위해 고객에게 무엇을 제공해야 하는지를 탐구하는 것이 가능하다. 그리고 나서 내부 프로세스로 이야기가 옮겨진다. 즉 조직은 자신의 재무 전략을 성취하고 고객에게 가치를 가져다주기 위하여 어떤 부문에서 뛰어나야 하는가이다.

여기에 답을 하기 위해서는 다음과 같은 질문에 답을 할 수 있어야 한다.

첫째, 사업은 어떻게 구조화되어야 하나?

둘째, 어떤 프로세스를 개선하여야 하나?

셋째, 어떤 핵심 역량이 우리에게 필요한가?

넷째, 이런 핵심 역량 중에서 우리가 갖고 있는 것은 무엇이고 또 개발하여야 할 것은 무엇인가?

다음으로 이러한 내부 프로세스의 개선과 역량 개발을 위해서는 조직이 끊임없이 혁신하고 가치를 창조하고자 하는 의지가 필요하다. 그러나 BSC의 네 번째 영역인 학습과 성장은 대부분의 기업에서 강조는 하고 있으나 경영층이 가장 어렵게 생각하는 측면이다. 이 측면의 성과를 올바로 측정하기 위한 지표를 판별하기 위해서는 미래를 예견할 수 있어야 하고 기업이 어떻게 지속적으로 혁신하고 가치를 창조할 수 있는지 그 방법을 구체적으로 판별할 수 있어야 한다.

이러한 BSC의 네 가지 성과 영역은 피라미드 형식으로도 계층화할 수 있다. 계층화의 장점은 네 가지 영역에 속해 있는 성과지표들이 서로 어떻게 연결되어 있으며, 서로를 어떻게 지원하는지를 보여 줄 수 있다. 이 계층화 구조에서 조직의 혁신과 학습 차원은 가장 중요한 하부구조로서 인식되는데 그 이유는 기업이 자신의 우수성을 유지하기 위한 기본을 제시하고, 지속적인 향상과 가치창조의 근원이기 때문이다.

그리고 이러한 조직의 혁신 및 학습 활동으로부터 내부 프로세스의 개선은 있게 되며, 이러한 내부 프로세스의 개선을 위한 여러 가지 활동과 역량의 개발은 고객의 만족을 유도하여 궁극적으로는 주주들의 부를 창출하게 된다는 논리이다.

BSC의 숨겨진 장점은 BSC를 만들어 가는 과정에서 경영층으로 하여금 전략의 기초가 되는 경영이론, 즉 기업이 현재 갖고 있는 일련의 믿음과 가정을 새로이 탐구하도록 하는 것이다. 이러한 점

때문에 BSC를 만드는 과정이 이것이 가져다주는 결과만큼이나 중요하다고 생각하는 것이다.

3) 전략적 성과관리(BSC)의 진화

유형자산이 지배적이었던 경제에서는 재무적 측정지표만으로도 기업의 대차대조표상의 재고자산, 건물, 기계장치에 대한 투자를 기록하기에 충분했다. 그러나 매출과 이익을 창출하기 위해 사용된 무형자산이 경쟁우위의 주요원천으로 된 오늘날의 경제현실에서는 지식기반 자산인 무형자산과 이들 자산을 통해 가능한 가치창조 전략을 기술할 수 있는 도구가 필요하다. 이러한 도구가 없었기 때문에 기업들은 전략을 기술하거나 측정할 수 없는 것을 관리하는 데 어려움을 겪어 왔다.

이에 따라 기존 성과평가시스템의 한계를 극복하고자 Kaplan과 Norton(1992)은 기존의 재무성과지표를 보완하면서 미래의 경영성과에 영향을 주는 고객 만족, 내부 프로세스, 학습과 성장 등을 포함한 BSC를 소개하였다. 물론 기업들도 기업의 경영성과를 측정하는 데 있어서 재무자료에 국한한 것이 아닌 비재무적 자료까지 포함한 포괄적이고 미래 지향적인 이와 같은 BSC를 적극적으로 도입하고 있으며 실제로 뚜렷한 성과를 거두고 있다.

BSC는 재무적 지표와 비재무적 지표를 동시에 나타내어 경영자들로 하여금 경영활동에 대한 많은 정보를 제공할 수 있게 해 준다. 또한 비재무적 지표를 중시함으로써 다양한 관점의 성과측정을

이론편

통하여 변화하는 환경에 보다 유기적으로 대처할 수 있다(Bryant, Jones&Widener, 2003).

BSC는 재무지표에 대한 기존 성과평가시스템의 한계를 극복하고 조직의 비전과 전략 및 이를 구현하기 위한 미래의 성과창출 동인을 4가지 관점에서 균형 있게 평가하는 새로운 전략적 성과평가시스템이다(Olson, Slater&Stanley, 2002).

BSC의 발전 단계는 일반적으로 BSC의 활용목적에 따라 3단계(1세대, 2세대, 3세대)로 구분할 수 있다.[1]

첫째, 관리통제(Management Control) 수단으로서의 1세대 BSC에서는 BSC를 관리통제시스템으로 보는 견해로, 전략목표 달성을 위한 제반 프로세스를 통제하고 모니터링하는 것으로 정의하고, BSC를 수립된 전략을 실행시키는 방법론으로 본다(Cobbold&Lawrie, 2002).

1세대 BSC에서는 관점(Perspective)을 어떻게 정의할 것인가, 어떤 지표들을 어떤 관점으로 구분할 것인가의 범주화(Category), 많은 지표들 중 어떤 지표를 선택할 것인가 하는 핵심화(Filtering)가 이슈였다.

1세대 BSC는 4가지 관점(재무, 고객, 내부 프로세스, 학습과 성장)이 기업에서 집중해야 할 부분을 밝히는 데 커다란 공헌을 하였다. 즉 이 단계에서 4가지 관점 간의 단순한 인과관계가 규명되었으며, 관점별 측정지표들이 개발되었다. 그러나 이 단계의 BSC

---

1) G.J.G. Lawrie,&I.M. Cobbold., Development of the 3rd Generation Balanced Scorecard, 2GC Active Management Ltd., 2004, p.1.
G.J.G. Lawrie,&I.M. Cobbold., Development of Balanced Scorecard as a Strategic Management tool, 2002, Proceedings, Third Internation Conference on Performance Measurement and Management(PMA 2002) Boston, MA, USA, July 2002, p.1.
본 연구에서는 위 문헌을 참고로 BSC의 발전단계를 1세대(1992~1996), 2세대(1996~2000), 3세대(2000 이후)로 분류하였다.

는 성과동인을 규명하여 측정할 수는 있었지만, 어떻게 사람들이 행동하고 어떤 행동들이 기업의 목표를 달성시킬 수 있는가에 대해서는 명확한 해답을 제시하지 못하였다(자료: Robert S. Kaplan and David P. Norton, 1992, p.72.).

둘째, 전략적 통제(Strategic Control) 수단으로서의 2세대 BSC는 BSC를 전략경영시스템으로 보는 견해로, BSC가 인과관계 구축을 통하여 전략 수립에 기여하고 있으며, 전략 실행의 측면에서 전략을 개인단위의 과업과 연계시키고 지속적인 의사소통을 통하여 상호보완, 수정할 수 있다는 점을 중시한다. 전략 수립과 실행 간의 차이를 인식하고 전략을 일련의 행위나 의사결정의 패턴으로 파악한 것이다.

2세대 BSC의 특징은 경영통제시스템에서 전략통제시스템으로 변하면서 전략적 연계가 BSC의 핵심으로 떠오르게 되었다. 그러면서 관점들 간의 인과관계를 밝히는 것보다 측정지표들 간의 인과관계를 더욱 중요시하게 되었다. 그리고 인과관계와 함께 전사적 경영전략을 조직 하부로 전개시키는 전략하부할당(Cascading)의 문제가 대두되었다.

셋째, 기술선언문(Destination Statement)으로서의 3세대 BSC는 전략적 목표의 타당성과 목표선정의 적절성이라는 측면이 더욱 강화되었다. 3세대 개념은 목표, 측정방법, 목표시장 등에 대한 체크리스트로서, 지향점에 대한 기술선언문이라는 개념을 도출하였다.

기술선언문은 조직의 활동과 목표수준에 대한 합리적인 의사결정을 하기 위하여, 기업이 달성하고자 하는 것에 대한 분명한 사상을 말한다. 3세대 BSC는 전략 수단으로서 복잡한 조직을 보다

명쾌하게 정의할 수 있게 해 준다.

4) 성과지표들의 연계방법

BSC에서는 다양한 측면의 성과지표들을 인과관계로 연결시키는 것이 중요하다. 재무성과의 향상은 보통 연계과정에서 궁극적인 목표가 된다. 예를 들어 우리의 재무 목표가 수익의 성장이라면 이것은 시장점유율의 확대라는 목표를 통해 달성할 수 있다. 시장점유율의 확대는 또한 고객 유지에 의해 달성이 가능하다. 그리고 고객만족도의 증진은 고객유지를 달성하는 데 도움을 주고 다른 제품의 판매(Cross − sell Ratio)에도 긍정적인 영향을 줄 수 있다. 한편 고객만족도를 향상시키기 위해서 우리는 많은 시간을 고객들과 접촉하고 그들의 말에 귀를 기울이는 데 할애하여야 할 것이며, 따라서 고객들과의 보다 많은 접촉은 지금까지 언급한 과정의 시발점이 될 수 있다.

이러한 성과지표들의 연계는 목표 − 방법 그림(What − How Diagram)을 이용하면 더욱 논리적으로 표현할 수 있다. 목표 − 방법 그림이란 우선 궁극적인 목표를 달성하기 위한 방법들을 제시하고, 이러한 달성 방법들을 다시 하위 목표로 하여 이를 달성할 수 있는 방법들을 제시하고, 또 다시 달성 방법들을 목표로 하여 후속적인 달성방법을 계속적으로 모색하는 도구이다.

목표 − 방법 그림을 통해 기업은 핵심성과지표들 간의 인과관계를 구축할 수 있으며 궁극적으로는 기업의 경영이론이 만들어지게 되는 것이다. 물론 이러한 인과관계 및 경영이론의 타당성은 주기적인 자료의 수집과 이의 분석을 통해 검증되어야 하며, 인과관계의 타당성이 결여된 경우 기업은 자신들의 경영이론을 새로 수정할 수 있는 전략적 학습과정을 거쳐야 된다.

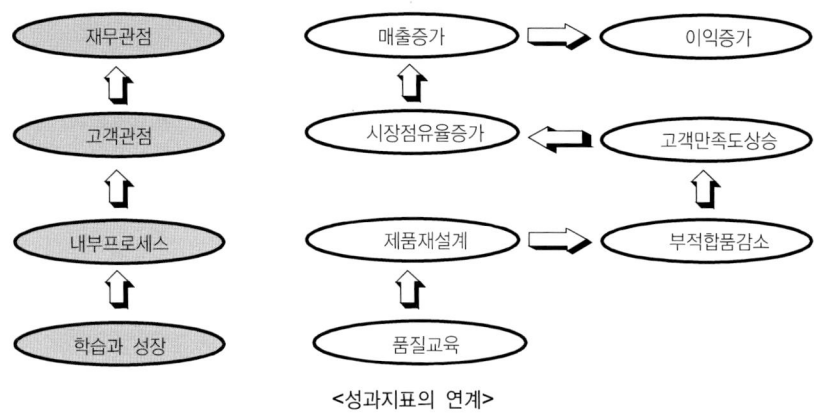

<성과지표의 연계>

5) 전략적 성과관리(BSC)의 유용성

종합적인 성과측정시스템으로서의 BSC의 유용성은 다음과 같이 몇 가지로 요약할 수 있다.

첫째, 기업의 비전과 전략을 응집되고 연계된 일련의 핵심성과지표들로 구체적으로 변환시키고 조직 구성원들의 행동을 유발한다.

둘째, 현재의 운영성과와 미래성과의 동인을 동시에 측정한다. BSC의 다차원적인 측정지표들은 사람들에게 혼란스럽게 보일지도 모르지만 잘 만들어진 BSC는 기업의 사업전략을 달성할 수 있는 방향을 체계적으로 제시해 준다.

셋째, 사업전략을 구체화시키고, 의사소통하며, 공동의 목표를 달성하도록 개인과 부서, 그리고 조직의 노력을 일원화시킬 수 있다.

넷째, 통제시스템으로서보다는 의사소통, 정보공유, 그리고 전략적 학습시스템으로서의 가치를 갖는다.

다섯째, 조직의 경영이론을 구체화시키고 이의 타당성을 탐구하며 기업전략을 최신화하도록 한다.

여섯째, 조직 구성원의 합의와 팀워크를 유도한다.

일곱째, 다양한 성과 영역의 동시적 접근을 가능하게 하고 성과의 진보상황을 영역별 또는 단계별로 시각화할 수 있다.

그러나 BSC가 기업에 성공적으로 정착되어 이러한 유용성을 체험하기 위해서는 다음과 같은 사항을 간과해서는 안 될 것이다.

첫째, '고객이 우리를 어떻게 보느냐'가 중요한 것이 아니라 오늘날과 같이 경쟁이 심화된 시장에서는 '고객이 우리를 우리의 경쟁자와 비교하여 어떻게 보느냐'가 중요한 것이다.

둘째, 주요 성과 영역으로 공급자 관점(Supplier Perspective)이 포함되어 있지 않다. 그러나 오늘날 외주(Outsourcing)의 중요성은 점점 더 강조되고 있으며, 기업들 간의 상호의존도는 계속적으로 증대되고 있다. 이러한 기본 모형의 단점을 극복하기 위해 BSC를 도입한 많은 기업들은 자신에게 맞는 성과영역들을 판별하고 이들을 인과관계로 통합시킴으로써 자신만의 독특한 BSC를 만들고 있다.

셋째, BSC의 성과지표들은 단순한 성공요소들의 집합이 아니며 모든 기업에 일반적으로 적용할 수 있는 성과지표란 존재하지 않는다. 성과지표들은 반드시 조직의 현재 위치를 고려하여 독특한 사업전략으로부터 유도되어야 하며, 원인과 결과관계로 연결되어 서로를 강화시켜 줄 수 있어야 한다.

넷째, 동인이 없는 결과에 초점을 맞추는 것도 문제지만 결과 없는 동인만의 강조도 조직의 노력을 부분적인 최적화로 그치게 할 위험이 있다. 오늘날 많은 기업에서 여러 가지 변화 프로그램을 시도하고 있다. 따라서 그들은 품질, 고객만족, 혁신 등과 같은 목표에 대하여 피상적으로는 많은 접근을 하고 있다. 이러한 목표들은 사실 기업의 성과를 향상시켜 줄 수 있는 동인이지만 수단이 아닌 목적처럼 간주될 때가 많다. 기업에서 새로운 변화 프로그램을 도입하고 실패하는 이유는 이러한 목표들을 미래의 재무성과와 연결시키지 않기 때문이다.

결과적으로 많은 기업들이 자신들의 변화 노력에 비해 성과가 없다는 것에 회의를 느끼고 이러한 프로그램들을 한때 유행하는 경영기법(fad) 정도로 간주하게 되는 것이다. 품질, 고객만족, 혁신 등과 같은 목표들은 매우 전략적인 목표이며 그 자체로도 좋은 것이지만, 그것들은 반드시 재무적인 성과로 연결될 수 있는 성과지표들로 구체화되어야 한다. 즉 BSC의 모든 성과지표들의 인과관계는 궁극적으로는 미래의 재무 목표와 연결이 되어야 한다.

다섯째, 조직의 비전과 전략적 목표는 개인 및 부서의 목표와 일치되어 일관된 행동을 이끌어 내어야 한다. 조직 구성원들로 하여금 큰 그림에서 자신들의 부분을 보도록 함으로써 조직의 성공을 위한 자신들의 기여를 느끼게 하는 것이 중요하다. 이를 위해서는 기업 차원의 BSC와 부서 차원의 BSC, 그리고 개인 차원의 BSC를 각각 개발하여 이를 연계시키는 것이 필요하다. 즉 개인의 노력이 부서 성과의 향상으로 이어지고, 다시 부서 성과의 향상이 기업 전체의 성과 향상으로 이어지도록 하는 것이 필요하다.

여섯째, 최고 경영층의 변화계획과 틀은 조직 구성원들이 이해할 수 있는 형태로 조직의 전 계층으로 확산되어야 하며, 조직 구성원들 각자가 구체적으로 무엇을 해야 하는지를 명확히 파악할 수 있도록 해야 한다.

일곱째, 전략적 학습시스템을 구축하여 새로운 전략의 개발과 이의 실행이 지속적인 프로세스가 되도록 한다. 조직의 성과를 측정하는 일은 조직의 건강상태를 평가하기 위해 필요할 뿐 아니라 조직이 현재 추구하고 있는 전략의 타당성을 다시 생각해 보고 이를 수정하기 위해서도 필요하기 때문이다.

여덟째, 비재무적인 성과가 재무적인 성과로 이어지는 데는 시간이 걸린다는 것을 이해하여야 한다. 예를 들어, 고객이 조직에 변화가 있다는 것을 감지하고 그들의 구매행위를 변화시켜 재무성과의 향상으로 이어지는 데는 시간이 걸리게 된다. 일본의 경우 1950년 품질의 개념이 도입된 후 사람들이 일본 제품이 좋다고 인식하는 데는 25년이라는 세월이 걸린 것을 상기할 필요가 있다.

그러나 무엇보다 BSC가 성공적으로 기업에 정착하기 위해서는 전 조직 구성원이 의지를 갖고 기업 전반의 성과 향상을 위하여 동참하고자 하는 의식 개혁이 필요하다. 특정 부서만의 성과 향상은 부분적인 최적화를 추구하며 이는 전반적인 최적화에 걸림돌이 될 수 있다.

조직은 가장 약한 프로세스보다 더 강할 수는 없다. 부서나 팀, 그리고 조직 구성원들의 동시적인 성과 향상만이 조직의 성과 향상을 가장 빠르게 이룰 수 있는 길인 것이다. 조직은 모든 구성원들이 목표와 목표달성방법에 있어 공유된 이해와 주인의식을 가질 때만 변화하고 진보할 수 있다. BSC는 기업의 비전과 전략을 전 구성원에게 의사소통하고 이의 달성 노력을 연계된 행동으로 구체화시킬 수 있는 새로운 경영 패러다임으로서의 가치가 있는 것이다.

6) 전략적 성과관리(BSC)의 구성요소

(1) 가치체계

① 미 션

미션은 조직의 나침반과 같은 것으로 조직이 가고자 하는 방향을 제시함으로써 50년~100년 정도의 목적을 가지고 달성하기 위한 존재가치를 의미하며 조직의 상황에 따라서 여러 번 바뀌는 특정목표나 사업전략과 혼동되어서는 안 된다. 조직원 모두의 자발적인 참여와 공감대를 형성하여 조직의 임무를 잘 달성하기 위해 조직의 역량을 어떻게 향상시킬 수 있는가에 초점을 맞추어야 한다.

② 비 전

비전은 기업이 추구하는 중장기적인 목표(3~5)년 동안에 이루어야 할 목표)와 바람직한 미래상이다. 장기적인 안목에서 미래의 목표와 현실을 연결시키는 전략적인 단어 혹은 문장이다. 비전은 전략 방향을 설정하고, 구성원들에게는 동기를 부여할 수 있어야 한다. 미션이 방향을 잡아 주는 것인 데 비해 비전은 그 방향으로 언제까지 얼마나 가려고 하는지 목표를 설정하는 것으로 가까이 있고, 구체적이고 분명한 것이어야 한다.

기업이나 조직에서 슬로건과 같은 것이고 역량을 하나로 모아 주는 힘이 있는 것이다. 비전이 꿈과 다른 것은 기간과 계량화된 목표가 있기 때문이다.

③ 전략목표

전략목표의 핵심은 고객지향성과 경쟁우위 창출이라고 요약할 수 있다. 기업의 한정된 경영자원을 통해 기업의 성과를 향상시키기 위해 끊임없이 노력하고 있고 이러한 일련의 과정을 가능하게 하는 것은 핵심 고객의 가치를 향상시키고 지속적으로 경쟁우위를 유지해야 하기 때문이다.

④ 비전 및 전략과 BSC

기업의 비전과 전략은 기업이 나아가야 할 방향을 말해 주는 이야기와도 같다. 그러나 불행히도 많은 기업들에게 비전과 전략은 최고 경영자만의 전유물로 남아 있는 경우가 많다. 조직 구성원들이 스스로 무엇을 해야 하는지를 아는 것은, 비전과 전략이 분명할 때에만 가능한 일이며, 이때만이 조직의 성과가 향상될 수 있다.

BSC는 조직 구성원들에게 조직과 사업부 및 팀의 비전이 무엇이고, 어떤 전략하에서, 그리고 어떻게 업무를 수행해 나가야 할 것인지에 대한 구체적인 방안을 제시한다는 측면에서, 비전과 전략 달성을 위한 도구가 된다. 비전과 전략 수립 프로세스가 구체화되어 있지 않으면, 업무를 수행하는 각 사업부와 팀은 업무 계획안을 단편적 시각에서 그리고 임의적인 방법으로 수립하여 보고하며,

이에 대한 피드백도 제대로 이루어지지 못한다. 또한 최종의 목표를 이루기 위한 전략들이 개별 조직별로 독립적으로 수립되어 정보나 지식의 공유는 물론이고 부서나 팀 간의 갈등이 심해지는 경우도 많다.

BSC를 수립하는 과정을 통해 조직원을 자연스럽게 전략수립 과정에 참여시키고, 이를 통해 전략 달성을 더욱 촉진하도록 한다. 즉 BSC를 통하여 자사의 전략수립과정을 검토하고 재설정하며, 이를 다시 내부 비즈니스 프로세스로 정착시키는 일련의 과정을 관리할 수 있게 된다.

조직의 성과가 만족스럽지 못한 데에는 여러 가지 원인이 있을 수 있지만, 가장 큰 요인 중의 하나가 조직의 지향점과 조직 구성원들의 움직임이 일치하지 못하기 때문이다. 기업은 조직 구성원들이 무엇을 향해 나아가야 하는지를 분명하게 전달할 책임이 있고, 올바른 전략 방향만이 기업의 비전을 달성하기 위한 첩경이 된다.

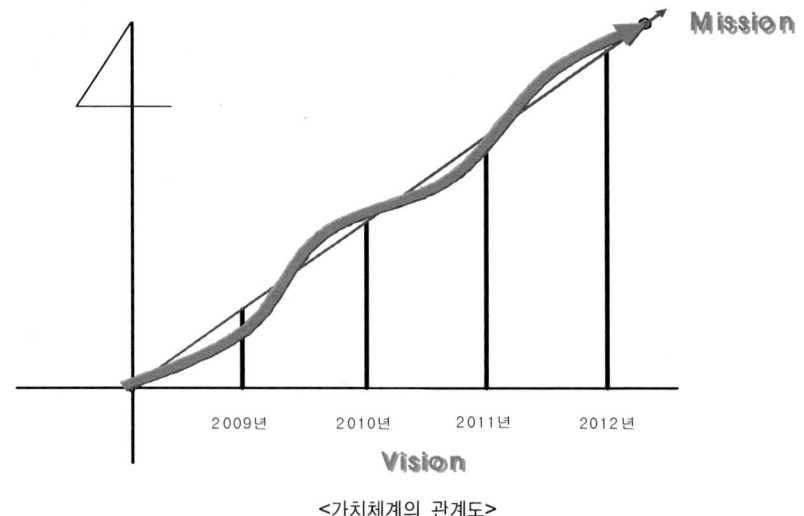

<가치체계의 관계도>

따라서 BSC 구축에 있어서 무엇보다 우선되어야 할 것이 기업 비전과 전략을 명확히 하는 일이 될 것이다.

(2) 관점(Perspectives)

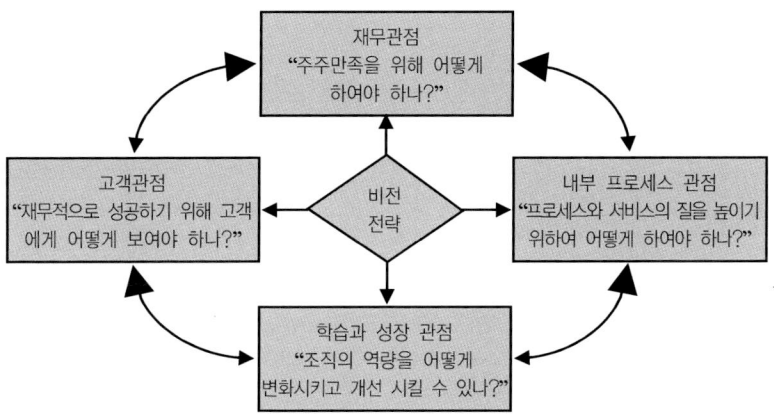

BSC에서 가장 핵심요소 중 하나인 관점은 기업의 가치창출 근원에 대한 시각을 제시한다. BSC에서 설정한 관점을 통해 그 기업이 추구하는 가치의 원천이 무엇인지 파악할 수 있다.

관점은 '조직 가치 창출의 원천' 혹은 '전략적 성과지표들의 묶음(categories)'으로 정의될 수 있으며 기업의 여러 가지 상황에 따라 달라질 수 있고 달라져야 한다. 설정된 관점들은 서로 긴밀하게 연계되어 상호 간의 관련성을 파악할 수 있어야 하며 균형을 이루어야 한다. 균형된 관점들 간의 상호작용 결과에 의해 조직의 가치는 극대화되기 때문이다.

① 재무 관점(Financial Perspective)

재무 관점이란, 기업의 주요 이해 관계자들에게 재무적인 지표를 통해 조직의 성과를 보여 주기 위한 것이다. BSC의 재무 관점은 단순히 재무지표를 관리하는 것 이상의 의미를 갖는다. 재무성과가 좋게 나타나기 위해서는 조직의 프로세스가 합리적이어야 하며 조직의 자원이 효율적으로 활용되어야 한다. BSC에서 강조하는 것은 다른 관점들의 결과로 인해 재무적인 성과가 나타나게 된다는 인과적 해석이, 전통적인 회계측면에서의 재무성과와 비교되는 점이다.

지금까지의 거의 모든 기업들은 재무적 결과로만 성과를 평가해 왔다. 그러나 기업 평가자들은 재무측정지표의 부정확성, 과거 지향성, 미래가치 창출 비반영성 및 계량지표의 한계성 등을 들어 비판하고 있다. 이를 극복하기 위해서, 오늘날의 재무지표들은 경제적 부가가치(EVA: Economic Value Added), 자기자본순이익률(ROE: Return on Equity), 투자회수율(ROI: Return on Investment), 투하자본수익률(ROIC: Return on Invest Capital), 주가관련지표 등의 자산수익성지표 등을 기업가치 측정에 확대 적용함으로써 좀 더 정확하고 미래지향적인 측정을 시도하고 있다. 그러나 재무지표들이 기업의 가치평가에 부족함이 있다고 해서, 이를 비약하거나 과소평가해서는 안된다. 왜냐하면 BSC는 재무적 측면에서의 성과평가에 대한 대체 수단이 아니기 때문이다. 다시 말하면 더 이상 재무지표를 통해서 기업의 가치를 평가할 수 없다는 것이 아니라 다른 관점에서 상호 보완적으로 활용하여, 균형된 성과평가를 해야 한다는 것이다.

② 고객 관점(Customer Perspective)

기업 가치 창출의 가장 큰 원천은 고객이다. 고객에 대한 면밀한 검토와 고객정보 획득을 통하여 이를 자사의 핵심 역량으로 만들어 나가야 할 필요성이 그 어느 때보다 절실하다. 모든 고객들에게 똑같은 수준의 서비스를 제공한다는 것은 불가능하며 그럴 필요도 없다. 기업에게 수익을 가져다 줄 수 있는 고객을 파악해 내고, 이들을 위한 고객 지향적 프로세스를 만들어 나가는 것이 고객 관계(CRM: Customer Relationship Management) 관리의 핵심성공요인(CSF: Critical Success Factor)이기 때문이다.

기업가치의 가장 근원이 되는 고객의 시각에서 이들을 만족시키고 이들을 통해 기업의 가치를 제고시키기 위해서는, 어떻게 전략을 수립하고 어떠한 성과를 관리해야 하는지 알아야 한다. BSC는 고객을 기업 가치 창출의 중요 핵심 영역으로 제시하고 있으며, 고객을 수익 창출과 연관시키기 위해 기업의 전략을 집중하고 프로세스를 변화시키며 조직원의 역량을 이에 모으도록 한다.

③ 내부 프로세스 관점(Internal Process Perspective)

내부 프로세스 관점은 성과를 극대화하기 위하여 기업의 핵심 프로세스 및 핵심 역량을 규명하는 과정에 관련한 관점이다. 기업의 가치사슬 내에서 제품 및 서비스가 고객들의 기대를 충족시키고, 경쟁사를 앞서기 위해 이와 관련된 프로세스가 효율적으로 운영되기 위해서 무엇을 해야 하는지를 구체화하는 과정이다. 기업의 수익을 향상시키기 위한 전략적 고객군을 형성하였다면 각 세분 고객들을 어떻게 하면 만족시킬 수 있을 것인지에 대해 고민해야 하며, 이에 대한 비즈니스 프로세스를 만들어야 한다. 또한 생산성 혁신을 위한 효율적인 비즈니스 프로세스 관리가 필요하다.

외부고객과 관련한 지표들을 고객관점에서 다룬다면, 업무 프로세스와 연계된 조직 내의 고객은 내부 프로세스 관점에서 바라보는 기업들이 많다. 이렇듯 고객과 관련한 핵심 프로세스를 도출하고, 프로세스의 지속적인 개선을 성과측정 대상으로 선정함으로써, 일회적으로 끝나 버릴 수 있는 혁신을 지속화할 수 있다. 프로세스는 한 번의 시행으로 정착되지 않는다. 시장의 변화는 기업에게 끊임없는 변화를 요구한다. 기업 프로세스는 업무 성과를 극대화하기 위한 절차이면서, 고객에게는 만족을 제공하는 동인이 된다.

④ 학습과 성장 관점(Learning&Growth Perspective)

학습과 성장 관점은 BSC의 4가지 관점 중에서 가장 미래 지향적인 관점이다. 학습과 성장 관점은 다른 3가지 관점의 성과를 이끌어 내는 원동력으로서, 특히 구성원의 역량을 강조하고 있다. 기업의 정보시스템에 대한 투자나 역량도 학습과 성장의 관점에서 다루어져야 하는 이슈이다.

조직 내에 정보기술이 도입되기 시작하면서, 정보시스템을 업무의 효율성을 높이기 위한 단순한 기능으로서가 아니라, 기업의 장기적인 역량을 배가시키고 경쟁우위를 확보하기 위한 전략적 수단으로 인식하기 시작하였다.

정보시스템의 역할 및 효과성에 대한 측정과 평가가 중요한 이슈로 떠오르고 있다.

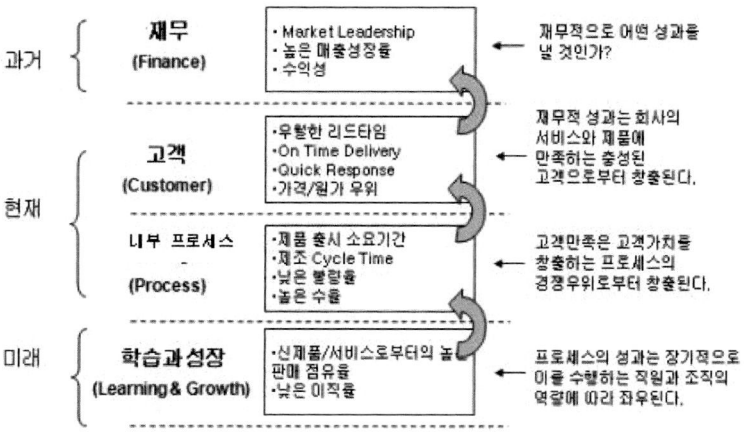

과거	재무 (Finance)	• Market Leadership • 높은 매출성장률 • 수익성	재무적으로 어떤 성과를 낼 것인가?
현재	고객 (Customer)	• 우월한 리드타임 • On Time Delivery • Quick Response • 가격/원가 우위	재무적 성과는 회사의 서비스와 제품에 만족하는 충성된 고객으로부터 창출된다.
	내부 프로세스 - (Process)	• 제품 출시 소요기간 • 제조 Cycle Time • 낮은 불량률 • 높은 수율	고객만족은 고객가치를 창출하는 프로세스의 경쟁우위로부터 창출된다.
미래	학습과 성장 (Learning & Growth)	• 신제품/서비스로부터의 높 판매 점유율 • 낮은 이직률	프로세스의 성과는 장기적으로 이를 수행하는 직원과 조직의 역량에 따라 좌우된다.

<출처: Price Warterhouse Coopers>

(3) 전략목표

전략목표란 내·외부 환경분석을 기반으로 경쟁에서 승리하면서 비전을 달성하기 위한 수단이라고 말할 수 있다.

전략목표란 기업이나 조직이 속한 산업 내에서 지속적으로 생존 번영하기 위한 가장 중요한 요소이기도 하다.

전략목표는 두 가지 요건을 충족해야 하는데

첫째는 고객이 원하는 제품이나 서비스를 제공할 수 있어야 하며 둘째는 경쟁우위를 가져야 한다.

(4) 핵심성공요인(Critical Success Factors)

핵심성공요인(CSF)이란 "기업이 속한 산업 내에서 지속적으로 생존하고 번영하기 위해 가장 중요한 요소들"이라고 정의된다. 또한 "기업 혹은 단위 사업 영역의 존재 목적을 달성하고, 목표 시장에서 만족할 만한 성과를 거둘 수 있도록 하는 요소 및 요구조건들"이라고 정의되기도 한다. 따라서 핵심성공요인은 같은 산업에 속해 있는 기업들마다 다르며, 개별 기업에 속해 있는 전략적 사업 단위마다 달라진다.

즉 도출된 핵심성공요인은 기업 또는 사업이 진출한 시장 내에서 지속적인 경쟁우위를 유지하기 위해 필요한 가장 우선적인 요건이기 때문에, 핵심성공요인의 우선순위에 따라서 조직의 전략적 자원 배분이 이루어져야 한다.

핵심성공요인에 대한 정의는 학자들마다 다양하지만, 기업이 속한 산업 내에서 생존과 번영을 지속하려면, 두 가지의 요건을 충족시켜야 한다.

① 고객들이 원하는 것을 제공해야 한다.
- 우리 조직에게 수익을 가져다줄 고객을 파악
- 특정 고객집단마다 가지고 있는 상이한 요구사항 파악
- 고객들이 그들의 욕구를 충족시키기 위해 왜 특정 기업들을 선택하여 구매하게 되는지의 원인파악

② 경쟁자들보다 우위를 가져야 한다.
- 산업의 경쟁정도를 파악(기업이 속한 경쟁정도를 파악하고 기업의 역량을 분석하는 과정)
- 각 사업부 단위의 비전 및 전략을 전사와 균형을 맞춰 도출하고, 이 비전 및 전략을 달성할 수 있는 사업부별 핵심성공 요인을 도출한다.

이론편

(5) 핵심성과지표(Key Performance Indicators)

BSC의 핵심은 바로 "무엇을 측정할 것인가?"의 문제이다. 따라서 조직의 전략 달성 여부는 전사 단위, 조직단위 그리고 개인 단위로 어떤 '핵심성과지표(Key PI)'를 선정하는가에 달려 있다고 해도 과언이 아니다. 그러나 기업의 최고 경영자 및 일선 관리자들이 부딪히는 문제는 과연 '핵심(key)'이 되는 것이 무엇인지 모르고 있다는 것이며 다음과 같은 질문을 끊임없이 되풀이하게 하는 원인이 된다.

BSC의 핵심성과지표(KPI)는 기존의 성과지표와 무엇이 다른가?

가. 핵심성과지표(KPI)에는 기업의 전략적 의미가 담겨 있다.

나. 핵심성과지표(KPI)란 성과에 대한 책임을 분명히 한다.

다. 핵심성과지표(KPI)란 미래예측을 가능하게 하는 정보를 제공한다.

① 관점에 따른 분류

가. 재무 관점 지표

재무지표와 관련된 것은, 수익성을 높이며 비용을 절감하는 두 가지 기본적인 전략에서 시작되기 때문에, 수익성 증대와 비용절감 지표들을 기본으로 고려하게 된다. 재무지표란 관련 조직이 공통적으로 관리해야 하는 공동지표로 선정하기에 유용하며 조직 간 비교가 용이한 반면, 전략사업부(SBU: Strategic Business Unit)의 현재 상황 및 산업의 라이프 사이클에 따라 조직에게 주는 의미가 달라질 수 있으므로 모든 조직에 동일하게 적용할 수 있는 절대적 평가 기준이라고 할 수 없다.

나. 고객 관점 지표

기업이나 조직이 대상으로 하고 있는 시장을 명확히 정의하고 고객을 세분화함으로써 핵심 고객집단은 어디에 있으며, 각 세분 고객별로 어떻게 관리할 것인지에 대한 전략들이 핵심성과지표에 반영되어야 한다. 고객을 파악하고 획득하며 유지하는, 고객과 관련된 일련의 활동들을 핵심성과지표를 통해 효율적으로 관리할 수 있기 때문이다. 고객관점에서 선정되는 핵심성과지표는 단순히 '시장점유율'과 같은 성과지표를 통해 기업의 우수고객은 어떤 집단인지를 명확하게 정의하고 이들을 어떻게 관리할 것인지에 관련된 전략을 수립하기 때문에 핵심성과지표는 단순히 지표이상의 의미를 가지게 된다. 기업의 전략이 무엇이며 조직원이 어떠한 방향으로 업무를 수행해야 하는지 기준을 제시해 주는 역할을 하는 것이 핵심성과지표이다.

BSC에서 나타나는 고객관점의 지표들은 경영활동 성과를 반영하는 후행지표뿐만 아니라 재무적 가치 상승을 이끌어 내는 선행지표를 함께 선정함으로써 핵심 고객 획득과 관리를 촉진할 수 있다.

다. 내부 프로세스 관점 지표

내부 프로세스 관점에서 지표선정이란, 고객과 기업에 관련된 조직이나 개인을 만족시키기 위해 어떤 프로세스가 우수해야 하는지를 규명하고 해당 프로세스를 개선하고 혁신하는 방안을 지표로 선정하는 과정이다. Kaplan과 Norton은 비즈니스 프로세스 가치사슬을 크게 혁신 프로세스, 운영프로세스, 판매 후 서비스 프로세스로 나누고 있다.

라. 학습과 성장 관점지표

학습과 성장 관점에서는 종업원만족도, 종업원이직률, 종업원생산성이 중요한 핵심성과지표들인데, 종업원의 능력을 향상시키기 위해서는 우수한 정보시스템의 중용성이 함께 부각되고 있으며, 업무에 대한 동기부여, 권한위임, 배치와 관련된 지표들이 핵심성과지표로 함께 선정된다. 학습과 성장 관점에서의 지표는 다른 관점들과 비교해 볼 때 직접적으로 조직의 성과와 연결되어 있지 않은 것처럼 보이지만 모든 성과의 근본이 되는 중요한 관점이다.

② 인과관계에 의한 분류

가. 원인지표와 결과지표

결과지표란, 조직의 업무활동, 즉 자원투입의 결과를 직접적으로 반영하고 있어서 재무지표나 시장점유율처럼 궁극적으로 달성하고자 하는 바를 나타내는 지표이다. 결과지표들은 전략을 조정하고 수립하는 데 있어 자원 투입을 조정하기 위한 기본정보가 된다. 반대로 원인지표란 자원투입과 업무활동의 결과이긴 하지만 직접적인 성과의 반영이기보다는 원인지표의 성과 달성이 향후 궁극적인 목표 달성의 밑거름이 되고 또한 간접적 영향을 미치는 성격의 지표이다. 원인지표는 결과지표들의 성과를 높일 수 있도록 자원활용을 촉진하고 프로세스를 개선하는 역할을 수행한다.

나. 선행지표와 후행지표

후행지표란 결과지표와 동일하게 개념을 담고 있다. 즉 업무의 연관성에 따른 결과 값을 표현해 주는 것이다. 그에 반해 선행지표란 후행지표에서 나타나는 성과를 이끌어 내는 원천 역할을 하는 것으로서 원인지표에 해당한다.

다. 기본지표와 도전지표

Bob Frost는 지표를 크게 조직의 현 상황을 반영하는 기본지표(Primary Indicator)와 조직의 미래를 반영하는 도전지표(Advanced Indicator)로 구분하고 있다. 기본지표란 조직이 생산하고자 하는 결과물을 나타내 주고 또한 다른 조직에게 제공한 가치를 표현해 주는 것이다.(재무지표들, 생산달성도, 비용절감 등)

반면 도전지표들은 작업 진행 현황과 조직의 잠재 가능성들과 같은 측면의 성과관리를 반영하는 것으로서 이러한 지표는 프로세스를 관리하는 성격이 강하다. 미래의 기업 가치를 반영하는 비즈니스 성격을 포함하고 있다. 이러한 지표로는 상품개발주기, 부적합감소율, 생산성, 신속성 등이 있다.

③ 책임 및 권한에 따른 분류

가. 전략지표

전략지표는 개별 조직 단위에서 독립적인 책임과 권한을 가지는 핵심성과지표를 말한다. 조직 단위에 따라 독립적인 핵심성과지표는, 전략사업부(SBU) 단위 또는 기능 조직 단위에서 고유한 업무 기능에 관련된 지표를 생성한다. 즉 특정 사업부가 전략을 달성하기 위해서 책임과 권한을 갖고 관리해야 하는 지표가 전략지표이다.

나. 공동지표

여러 조직에서 한 가지 핵심성과지표를 공동으로 관리하거나, 동일한 지표를 여러 조직에서 관리해야 하는 경우가 발생할 수 있

이론편

다. 이러한 지표를 공동지표라 한다.

공동지표를 통해 각 조직들 사이에서 발생할 수 있는 이기주의를 극복하고, 목표 달성을 위해 함께 노력할 수 있도록 기회를 제공하기 때문에 의사소통을 촉진시키는 긍정적인 효과가 있지만 공동지표에 대한 책임 배분 시 조직의 현황 및 특성을 충분히 고려하지 않으면 조직 간 갈등을 심화시키는 결과를 낳을 수도 있으므로, 충분한 협의 및 합의 과정이 필요하다.

(6) 인과관계(Cause and Effect Relationships)

기업의 성공 여부는 전략 간의 인과관계를 규명하는 역량에 달려 있다고 해도 과언이 아니다. 따라서 BSC의 구축에 있어서 이러한 일련의 인과관계를 설정하는 것은 BSC의 성공적인 구축을 위한 기초적 활동이다. 그러나 현실적으로 인과관계를 설정한다는 것은 매우 어려운 일이다.

왜냐하면, 사회현상, 즉 기업 활동에 있어서의 인과관계는 때로는 원인과 결과의 위치가 서로 바뀌기도 하고, 하나의 결과가 또 다른 요소의 원인이 되기도 하기 때문이다. 하지만 BSC에서는 사전에 설정한 인과관계를 통하여, 결과에 대한 원인을 파악할 수 있는 기본적인 기능을 제시한다. 완벽한 연계 고리를 찾는다는 것은 불가능할지라도, BSC에서는 인과관계를 통해 전략수립과 실행 사이의 방향성을 제시할 수 있다.

(7) 목표(Target)

핵심성과지표가 성과를 평가하기 위한 도구의 역할을 한다면, 목표는 '평가의 잣대'가 된다. 즉 목표의 달성 여부에 의해 평가결과가 이루어진다. 따라서 평가의 잣대, 즉 BSC의 목표는 공정하고 합리적으로 설정되어야 한다. 이것은 상의하달식의 강제적인 목표 설정이 아니라, 업무를 담당하는 추진 주체가 자율적으로 설정하는 것을 말하며, 조직의 전략을 달성하기 위해 상호 조정하는 과정을 의미한다. 또한 BSC에서 추구하는 목표 설정은 기업의 궁극적인 목표 달성을 지지하는 것을 기본 개념으로 한다. 즉 BSC에서의 목표는 특정 부문 조직의 성과가 최대화되는 것보다, 부분의 합이 최대화되도록 설정되어야 한다.

목표의 설정은 도전적이어야 한다. 왜냐하면, 회사를 변혁시킬 만큼 충분하지 않은 목표는 기업을 장기적으로 생존시킬 수 없기 때문이다. 도전적이고 야심적인 목표는 무모한 목표와는 달라서, 조직 구성원들을 동기 유발시키고 목표 지향적으로 만든다. 따라서 BSC에서의 목표설정 과정은 기업들이 추구하는 궁극적인 목적을 달성하기 위한 가장 기본적인 활동이라고 할 수 있다.

(8) 피드백(Feedback)

피드백이란 성과를 검토하여 성과에 대한 보상을 하고 새로운 전략을 수립하거나 경영목표를 변경하는 일련의 과정을 말한다. 피드백은 사이클의 크기에 따라 ① 운영적 피드백, ② 전략적 피드백의 두 가지로 나눌 수 있다. 운영적 피드백은 하위 조직 단위에

이론편

서 짧은 시간 간격을 두고 단기적인 실행 계획의 변경 및 운영 성과에 대한 평가를 위주로 이루어지는 것이며 전략적 피드백은 조직의 상위계층에서 비교적 중장기적으로 시간 간격을 두고 장기적인 기업전략의 수립 및 전략적 성과에 내한 평가를 하는 과정이다.

BSC 실행은 끊임없는 피드백 과정을 통해 조직을 학습조직으로 변화시키는 과정이기도 하다. 학습조직이란 조직원들이 자생적인 학습과정을 통해 조직의 가치를 증가시키는 조직이다. 조직 구성원들은 자신의 업무를 기업의 전략과 체계적으로 연계시키는 데에 BSC를 활용할 수 있다.

BSC의 결과를 피드백받음으로써 조직원들은 차기의 목표나 실행계획을 변경하면서 스스로 계획과 실행 및 검증이라는 순환구조를 활용하게 된다. 이러한 순환과정 속에서 개인의 목표는 자연스럽게 기업의 목표와 맞물리게 되고, 기업 비전이 조직원들의 개인 비전과 연결된다. 이러한 피드백은 일회적으로 끝나지 않고, 지속적인 순환 고리를 형성해 나가기 때문에 그 과정에서 조직원들은 자연스러운 학습효과를 얻을 수 있다.

(9) 이니셔티브

기업이나 조직 내에서 순수 성과지표의 결과 값만으로 모든 업무의 성과를 평가할 경우에 지원부서에서 불이익이 발생할 우려가 있고 성과지표의 측정주기가 반기 또는 연단위로 설정되어 결과 값을 확보하기까지 추진상황이 정상적으로 이루어지고 있는지 판단하기가 곤란한 경우에 성과지표 달성 정도에 대한 보조요소로 진척도, 수행 여부 등을 관리한다.

(10) 전략 맵

조직구성원들에게 어떻게 조직의 비전과 전략이 그들의 일상 업무에 연계되는지를 이해시키는 것으로 전략적 성과관리(BSC)에서 인과관계는 전략이 내포하는 일련의 가정들을 가시화하는 것이다. 인과관계를 밝히는 과정에서 각 조직은 전략목표의 상충관계를 조율하고 자신이 기여하는 바를 명확히 하게 된다.

전략 맵을 통해 전략을 구체화하는 과정에서 중요한 점은 기업에서의 모든 지표는 반드시 재무적 성과(지표)로 귀결되어야 한다. 이는 운영상의 성과향상(품질향상)이 최종목표가 아니라 운영상의 성과향상을 통한 경제적 가치증대(매출증대)가 궁극적인 목표라는 것을 명확히 할 때만이 부분 최적화를 방지하고 효과적으로 운영상의 성과를 전략적 성과로 변환시킬 수 있기 때문이다.

(11) 캐스케이딩(Cascading)

캐스케이딩이란 전사 전략을 조직 전체에 할당하는 것을 의미하는데, 조직의 전략을 바탕으로 각 사업부별 전략이 만들어지고 성과지표들이 여기에서 도출된다.

마찬가지로 팀이나 그 외 하부조직의 경우에도 상위부서에서 만들어진 전략을 기준으로 캐스케이딩하여 최종적으로 개인 지표에까지 도달하게 된다. 즉 전사적 전략을 개인에게까지 할당하는 것을 캐스케이딩이라고 한다.

전사 전략과제는 BSC시스템에서 하위 조직(또는 개인)으로 캐스케이딩을 통해 모든 조직단위의 전략목표와 연계되도록 하여 부서(또는 개인)의 역량이 기업이나 조직의 전략 실행에 일관되게 집중될 수 있도록 설계해야 한다.

제 3 장

성과관리 시스템 구축

:: 성과관리 시스템 구축

1. 중소기업 성과관리 시스템 구축 프로세스

1) 중소기업의 전략적 성과관리(BSC) 개요

우리나라 경제의 근간을 이루고 있는 중소기업은 극심한 경쟁과 생존의 위기에서 도태되지 않고자 계속 노력하고 있으나, 양질의 물적·인적 자원의 부족으로 대기업이나 해외의 경쟁 기업에 뒤처지고 있는 현실이다.

최근 이러한 중소기업의 어려움을 극복하기 위하여 종합적인 관점에서 기업의 성과를 확인할 수 있는 균형성과표(Balanced Scorecard: BSC)의 도입에 대한 관심이 늘고 있다.

대기업의 경우에는 조직의 내부프로세스가 상당히 안정되어 있어, BSC와 같은 새로운 경영기법을 도입하면 성공할 가능성이 높지만, 중소기업은 내부프로세스가 체계적이지 못한 경우가 대부분으로 전략 및 경영성과 등이 제대로 관리되지 않고 단기적인 관점에만 치중하는 경향이기 때문에, Kaplan과 Norton의 BSC 체계를 그대로 적용시킨다면 실패할 가능성이 매우 높다.

따라서 중소기업에 BSC를 적용할 때에는 기업의 내·외부 환경 변화를 정확히 분석한 후, 기업이 필요로 하는 관점에서 핵심성공요인과 핵심성과지표를 회사의 특성에 맞게 설정하여야 한다.

최근 기업의 경영환경 변화를 감안하여 중소기업에서는 기업의 주요 과정에 초점을 둔 새로운 성과관리 시스템을 개발하기에 이르렀다. 이러한 성과관리 시스템은 기업환경, 시장·고객과 경쟁자 등 기업의 외부환경을 고려한 성과관리 시스템으로 기업의 전형적인 재무성과지표는 물론 비재무적 성과지표 등 기업 내·외부의 성과에 초점을 둔 성과관리 시스템이라고 할 수 있다.

이와 같은 성과관리 시스템의 등장은 오늘날 기업에서 활용되고 있는 대부분의 성과측정치가 너무 재무적 측정치 위주로 편중되어 있고, 기업 경영전략의 실행과 긴밀한 관계를 맺지 못하고 있는 것에 기인한다고 할 수 있으며 급변하는 환경하에서 경영활동을 보다 효과적이고 능률적으로 수행하기 위해서는 기업의 성과관리 시스템이 보다 고객 중심적이어야 하기 때문이다.

최근 기업들은 자기 기업에 적합한 성과관리 시스템을 개발하기 위하여 노력하고 있다. 그러나 모든 기업에 적합한 통일적인 성과관리 시스템을 개발하는 것은 현실적으로 불가능할 것이다.

중소기업에 새로운 성과관리 시스템을 설계하기 위해서는 무엇보다 기업의 미션과 비전, 경영전략들을 가시적인 목표와 성과지표들로 전환시켜야 하며, 성과지표들은 주주나 고객을 위한 외부적인 성과지표들과 기업 내부 활동에 대한 성과지표들 간에 균형이 필요하다.

이것은 또한 과거 노력들의 산물인 결과물 성과지표들과 미래의 성과지표들 간의 균형도 고려하여 이루어져야 한다.

그리고 성과관리는 객관적이고 쉽게 정량화할 수 있는 결과물 성과지표와 주관적으로 다소 판단을 요구하는 결과물 성과지표의 성과동인(Performance Driver)들과도 균형을 이루어야 할 것이다.

중소기업의 성과관리 시스템은 준비단계, 환경분석 및 가치체계 구축단계, 성과목표 및 지표개발단계, 평가 및 보상, 지표검증 및 이행, 결과보고 및 완료보고회 순으로 진행하며 중소기업의 경우는 약 3개월 정도에 완료하고 3개월 정도의 시험운영기간을 거치면서 지표를 정교화하여 본격적으로 적용함이 적당하다.

2) 중소기업의 전략적 성과관리(BSC) 도입 필요성

최근 급변하는 경영환경하에서 선진화된 성과관리 및 전략적 성과관리의 수단으로서 국내 기업의 BSC 도입이 증가하고 있는 추세이고, BSC의 수준은 한국 시장에 BSC가 도입되어 10년이 넘었다. 2000년 이후 대기업과 공공부문을 중심으로 도입하다가 성과 중심 문화가 확산되면서 중소기업으로 점진적으로 확산되고 있음에 중소기업에서도 BSC를 도입하여 혁신적인 기업이 되기 위해서는 도입하지 않으면 안 되는 상황이다.

이에, 중소기업의 전략적 성과관리의 구축 및 구축사례를 위한 모델을 제시하여 중소기업에서 인지하고 도입 계기가 되어, 전략적 성과관리를 하는 데 도움이 되는 계기가 되었으면 한다. 중소기업의 BSC 도입은 초기 단계로 사례가 거의 없는 상황이고, 성과관리 구축을 위한 방법론의 시스템도 창출하고 연구하는 단계로, 완전한 구축이 되기에는 미흡하지만 선행연구 보완의 지속적인 개선으로 점진적으로 발전하는 추세로 되고 있다. 중소기업의 전략적 성과관리는 개인과 조직의 성과를 체계적이고 효율적으로 관리함으로써 궁극적으로 조직의 성과 향상을 지원하는 경영관리 시스템이다.

BSC를 도입, 운영하는 목적은 개인과 조직의 성과창출을 최대화함으로써 인적자원관리의 선순환구조를 만들어 나가는 데 있다.

중소기업에 있어서 전략적 성과관리의 궁극적 목표는 CEO와 임직원 간에 성과목표를 한 방향으로 정렬시키고 목표달성에 대한 노력을 효율적으로 지원함으로써 생산성을 높이며 우수성과자에 대한 차등 보상으로 핵심인재를 유지하고 소속감을 높이며 회사가 우수한 보상구조를 가짐으로써 외부의 우수인력을 유치할 수 있도록 하는 데 있다.

구성원이 비전과 전략을 공유하는 것보다 인센티브가 더 효과적일 것으로 생각할 수 있으나 인센티브는 단기적으로는 효과가 있지만 장기적인 관점에서 본다면 임금만 인상시켜 주는 경우가 대부분이다. 그럼으로 단지 인센티브만으로 조직원에게 동기를 부여하는 것은 매우 위험한 발상이다. 내가 하는 일이 어떤 일인지 아는 것은 굉장히 중요하다. 일단 중소기업은 생산성이 높을수록 이익이 많이 배분되는 구조다. 구성원은 조직과 개인의 목표가 부합

돼야 행동 변화를 일으킨다. 즉 당신이 부적합품률을 1% 줄이면 매출액이 10억 원 늘어나는 것과 같다는 설명과 이해가 결국 생산성을 높여 주는 것이다. 그러나 단순히 인센티브를 주는 방식은 전형적인 통제형 관리다. 통제형 조직에선 개인이 창의성을 발휘하기 힘들다. 내가 회사에 기여하는 것이 무엇인지 알아야 창의적인 아이디어가 나온다.

비재무적 부분을 객관적으로 지표화하는 과정에서 주의할 점은 사실에 근거한 평가 체계를 구축하는 게 가장 중요하다. 비재무성과가 1% 향상됐을 때, 재무성과가 몇 % 오를까를 정확하게 설명하는 게 핵심은 아니다. 왜 변해야 하는지를 조직원 모두가 공감하고, 그로 인한 혁신성과를 측정하고 피드백하는 과정이 일상화되는 게 중요하다. 보이지 않는 성과발현 메커니즘을 조금씩 구체화하고 이를 수치화하는 시도 자체도 중요하다. 그러다 보면 측정기준을 표준화하게 된다. 철저한 분석과 검증을 통해 새로운 성공모델을 찾아내는 체질로 자연스럽게 개선될 것이다.

CEO를 비롯한 최고경영진에게 BSC의 성공적인 도입에 관해 조언한다면, 전략은 수립보다 실행이 훨씬 더 중요하다. 그 실행은 결국 사람이 한다. 사람의 행동을 바꾸는 가장 좋은 방법은 성과지표의 변화다. 이런 성과지표는 업무의 본질과 변화되는 새로운 성공 원리를 담아야 한다. 차별적 경쟁우위를 창출하기 위해서는 조직의 학습이 필수다. 성과관리프로세스는 이런 조직의 학습과정을 일상화시켜 주는 강력한 도구임에 틀림없다. BSC 도입을 공정한 성과평가의 도구로만 활용하지 말고 혁신의 도구로 활용해야 한다. BSC가 이런 학습 및 변화관리 도구로 활용될 때 비로소 성과와 조직문화 혁신의 엔진으로 작동할 것이다.

　대기업의 경우는 체계적인 성과관리를 위한 전담조직과 관리 인력을 갖추고 있으나 중소기업의 경우 제한된 인력사정을 감안할 때, BSC의 각 과제는 중소기업의 관리역량이 감당할 수 있도록 가급적 명료하게 짜여야 하며 성과관리의 중요한 과제는 성과지향적 목표의 설정, 결과에 대한 객관적이고 공정한 평가, 수행과정에 대한 모니터링과 피드백, 적절한 보상방법의 선택 평가결과와 보상, 처우와의 연계 등에 대해서 조직과 개인이 일체감이 되고 한마음이 되는 관계여야 한다.

3) 중소기업의 전략적 성과관리(BSC) 도입 목적

　BSC의 도입목적은 전통적으로 기업이 사용해 온 성과측정시스템의 가장 큰 비판인 기업의 성과가 재무적인 척도에 너무 의존되어 왔다는 것이다. 그러나 기업의 성과는 재무적인 측면에서뿐만 아니라 조직의 혁신과 학습 능력, 고객 및 공급자 관계, 종업원 만족, 내부 프로세스 개선 등 비재무적이며 정성적인 측면에서도 평가되어야 하며, 이 모든 측면에서의 개선을 위한 기업의 모든 활동과 프로세스는 궁극적으로는 기업 전략과 연계되어 하나의 커다란 경영이론을 이루어야 한다. 따라서 오늘날 성공적인 기업으로 존속하기 위해서 기업은 자신들이 추구하는 전략, 수행하는 활동, 그리고 성과의 측정이라는 세 가지 축의 관계를 밀접히 상호 작용하는 삼각구도로 인식할 필요가 있다.

이론편

예를 들어, 기업이 보다 나은 품질을 추구하고자 하는 전략적 목표를 갖고 있다면, 원하는 품질 수준을 달성하기 위한 일련의 활동들을 파악하고 전개할 필요가 있을 뿐만 아니라 이러한 활동들이 과연 품질의 향상을 이끌어 내고 있는지를 구체적인 자료로 주기적으로 평가하고, 이에 근거하여 사업 전략을 수정할 수 있는 성과측정시스템을 마련할 필요가 있다.

만일 우리가 품질의 향상을 위하여 전개한 활동들이 품질의 향상을 이끌어 내는 동인으로 부적절하다고 판단된 경우에는 우리가 현재 믿고 있는 경영이론은 타당성이 결여된 것이며, 이러한 문제의 인식은 우리가 현재 추구하고 있는 전략을 수정할 수 있는 근거가 된다. 기업의 종합적인 성과측정이란 기업이 설정한 전략적 목표를 달성하기 위하여 일련의 활동들을 전개하고, 이의 결과를 주기적으로 구체적인 자료로 평가하며, 성취된 개선사항을 공표 및 보상하고 이를 피드백하여 기존의 전략을 수정하도록 하는 일련의 순환과정이다.

그러나 과거 기업의 성과는 주로 결과 변수인 재무지표에만 초점이 맞추어져 왔으며, 이에 따라 기업 내 여러 부서들의 활동이 기업의 전략과 인과관계로 연결되어 전체적인 성과를 최적화하기 보다는 부분적인 부서의 성과를 최적화하는 데 그쳤으며, 따라서 부서 간의 조화도 원활하지 못하였다. 즉 조직의 전략이 부서 활동들의 인과관계의 집합이라는 인식을 하지 못하였다.

전통적인 재무지표는 기업의 과거를 나타내 주는 성과 지표로 단기적이며 과거 지향적일 뿐 아니라 오늘날과 같이 경쟁이 심화되고 환경의 변화속도가 빠른 상황에서는 기업의 미래성과를 올바로 예측해 주기에는 한계가 있다. 전통적으로 재무회계는 기업의 운영 상황과 건강 상태를 측정하는 주요 방법론이었다. 그러나 전통적인 재무 정보만 가지고 기업의 성과를 평가하는 것은 새로운 경영환경하에서는 충분하지 않다.

우리는 관계와 제휴, 지식과 능력, 그리고 여러 무형의 변수들이 점점 더 기업의 성공을 결정짓는 세계에 살고 있다. 따라서 보다 균형 잡힌 성과측정시스템이 필요하며, 이 성과측정시스템에는 이윤, 수익성, 주주 가치 등 재무성과뿐만 아니라, 고객과의 관계, 공급자와의 제휴, 내부 프로세스의 개선, 지적 자산, 조직의 학습 및 성장 능력 등 변화의 동인이 될 수 있는 비재무적인 성과가 반드시 포함되어야 한다. 즉 미래의 성과를 예측하고 모니터하며, 기업의 가치를 지속적으로 창출하기 위해서 기업의 성과측정은 기업이 추구하는 전략과 맞물려 다양한 측면에서 이루어질 필요가 있는 것이다.

4) 중소기업의 전략적 성과관리(BSC) 구축 프로세스

전략적 성과관리를 위해서는 이를 구체적으로 실행하기 위한 프로세스가 필요하다. 여기서는 중소기업에 적합한 프로세스를 다음과 같이 제시함으로써 중소기업이 보다 손쉽게 전략을 수립하고 이를 실행하여 기업의 목표를 달성하는 데 초점을 맞추어 설계를 하였다.

이것 또한 절대적인 것은 아니며 이를 기본으로 중소기업의 규모와 능력에 맞게 각 단계를 가·감하여 실행함으로써 좀 더 그 기업의 맞춤형 프로세스를 구축하는 것이 바람직하다.

하지만 전략적 성과관리가 회사의 전략을 기반으로 하여 성과지표를 도출하고 이를 실행함으로써 회사의 전략이 달성되고 나아가 비전의 달성에 가까워져야 함은 반드시 인식하고 프로세스 추진 단계를 가·감해야 한다는 것은 명심해야 한다.

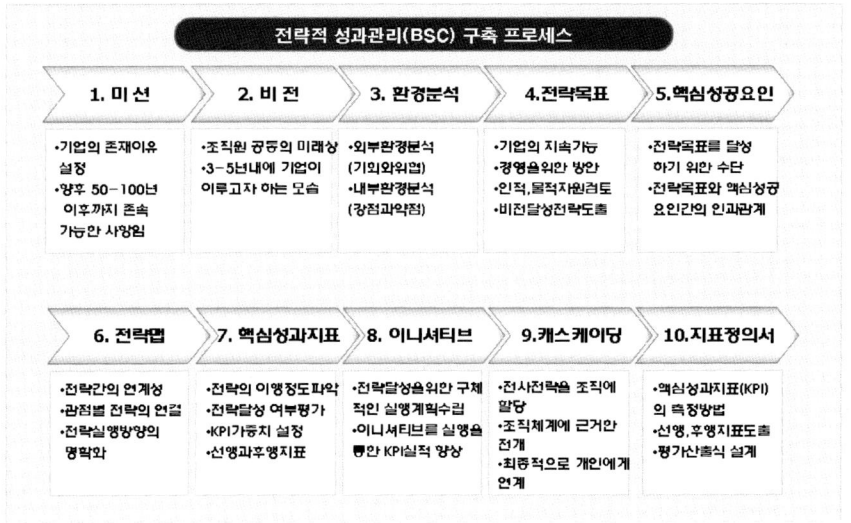

<전략적 성과관리(BSC) 구축 프로세스>

2. 성과관리 시스템 구축 계획 수립

1) 구축 범위

선행분석을 통하여 조직 내에서 BSC 구축 목적이 명확화되고,

현행 평가체계 및 전략 수립 과정에 대한 문제점이 파악되었다면, BSC 구축의 범위를 선정한다. 범위는 조직의 규모, 조직현황, 조직구조, 가능한 예산 및 예상 구축기간 등에 따라 달라지며 이에 따라 단계적으로 설정한다.

조직에 따라 변화에 거부감이나 새로운 경영기법에 대한 이질감으로 인하여 저항받는 경우가 많다. 조직에 따라서 다르지만 처음부터 전사적으로 시작하는 경우 또는 일부 부서에서 시행해 보고 그 경험과 자료를 활용하여 전사적으로 확대 적용하는 경우가 있지만 각각은 장단점이 있다.

(1) Top Down형

공공기관에서 많이 사용하는 방법으로 CEO의 전폭적인 지지하

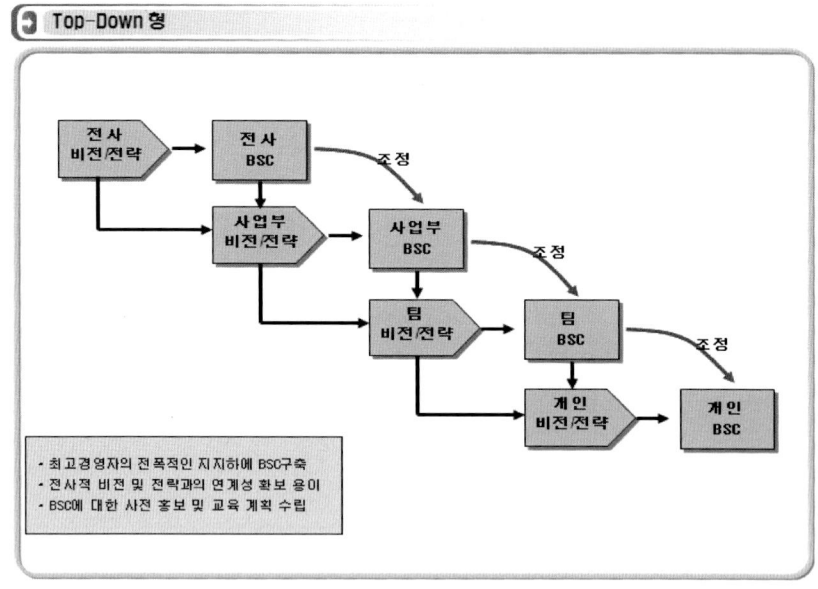

<Top-Down형>

에 BSC를 구축함으로써 CEO의 혁신과 변화에 대한 의지 및 방향성을 제시할 수 있다. 중소기업도 CEO의 리더십과 조직원의 합의 하에 사용할 수 있는 좋은 방법이다.

(2) Middle－Up－Down형

조직이 비교적 안정되어 있고 부서 간의 업무연계가 많지 않은 기업에서 많이 사용하는 방법으로 해당 사업부의 특성에 맞게 구축할 수 있다는 장점이 있다. 반대로 전사적으로 확대되기까지는 많은 시간이 소요된다.

특정사업부에서 시작하여 사업부의 전략과 비전을 하부조직으로 할당(Cascading)하고 실행결과는 하부조직에서 사업부로 올라와 성과를 측정하고 관리하는 방법이다.

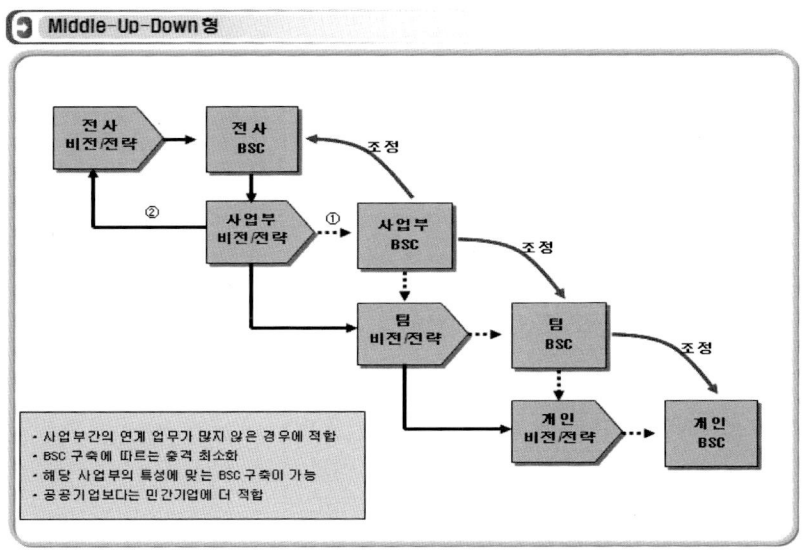

<Middle-up-Down형>

2) 추진 일정

추진 일정은 추진조직의 상황에 따라, 추진조직의 요구조건에 따라 다르다. 추진단계는 준비단계, 가치체계 수립단계, BSC 개발단계, BSC 운영단계로 구분할 수 있다.

준비단계에서는 BSC 추진 조직 구성, 추진일정 및 업무범위 확정, 임원진 인터뷰를 실시하고 현황분석이 완료되면 분석자료와 진행계획을 수립하고 관련자 전원이 모인 가운데 시작회의를 한다. 그리고 조직원의 저항을 예방하고 BSC를 이해시키기 위하여 혁신과 BSC에 대한 교육을 실시한다.

다음으로 기존의 가치체계를 검토하고, 대개의 경우는 BSC관점에 적합한 새로운 가치체계를 정립하게 되는데 이때는 반드시 경영진과 조직원의 합의를 이끌어 내야 한다. 새로 정립된 미션, 비전에 따라 관점을 설정하고 전략목표를 도출하며 핵심성공요인(CSF)과 핵심성과지표(KPI)를 개발한다.

<구축 추진일정표>(사례)

수행구분	M+1				M+2				M+3				M+4				M+5			
	1	2	3	4	1	2	3	4	1	2	3	4	1	2	3	4	1	2	3	4
1. BSC구축을 위한 준비단계																				
1.1. BSC구축 추진조직 구성																				
1.2. 추진일정 및 업무범위 확정																				
1.3. 임원진, 간부 의식조사																				
2. 시작회의및 교육																				

이론편

<구축 추진일정표>(사례)

수행구분	M+1				M+2				M+3				M+4				M+5			
	1	2	3	4	1	2	3	4	1	2	3	4	1	2	3	4	1	2	3	4
2.1. 전 직원 변화 관리교육																				
2.2. 전 직원 BSC 교육 실시																				
2.3. 시작회의																				
3. 현행 가치체계 검토 및 구축																				
4. 인사평가시스템 진단																				
5. 전략목표 수립																				
6. 핵심성공요인 도출																				
7. 핵심성과지표 (KPI) 개발																				
8. 전략 맵 및 이 니셔티브 작성																				
9. 지표정의서 작성																				
10. 전사지표 확정 /사업부지표 개발																				
11. 사업부 지표정 의서 확정																				
12. 인사평가시스템 구축																				
13. 보상시스템 구축																				
14. 전산시스템 구축																				
15. 최종발표회 (비전 선포식)																				
16. 전산시스템 안정화작업																				
17. 전략적성과관리 시스템 실행																				

핵심성공요인(CSF)과 핵심성과지표(KPI)가 개발되면 적정성과 타당성을 검토한 후 지표산식을 개발하게 된다. 핵심성과지표(KPI)는 되도록 이면 단일지표로 개발해야 효과적이며 만약 부득이한 사유로 복합지표를 개발하게 되는 경우에는 산식에서 명확하게 구분할 수 있도록 해야 관련부서간의 마찰을 줄이고 성과를 창출할 수 있다.

전사 전략목표에 따른 지표개발이 완료되면 사업부별, 팀별, 개인별 지표를 개발하게 된다. 이때 반드시 전사 전략목표를 할당받아야 하며 사업부는 사업부 고유의 지표를 확보할 수 있다.

한편으로는 BSC관련 전산시스템의 구축이 진행되면서 지표정의서에 따라 데이터를 입력하며 시험적으로 가동한다. 이때 기존의 인사관리 시스템, 지식관리 시스템, 자원관리 시스템 등과 시스템적으로 연계하고 인사평가시스템, 보상관리 시스템도 함께 구축되면서 시험운전을 하게 되고 결과가 만족하면 5~6개월간 시스템 안정화를 위하여 노력해야 한다.

3) 구축계획 수립

이를 수행하기 위해서는 첫 번째 인적 구성이 선행되어야 하며 인적 구성은

　가. 구축 전담조직

　나. 조직별 BSC담당자

　다. 시스템 담당자

　라. 외부전문가가 필요하다.

구축을 수행하기 위한 총괄조직은 회사에서 추진위원회 의장을 회사의 임원이 맡아서 총괄적으로 지휘, 조정하며 프로젝트를 총괄 책임지고 수행하는 프로젝트책임자(Project Manager)와 부문별 프로젝트리더(Project Leader)는 사업부의 필수요원이 참여하게 된다. 외부에서 초빙된 성과관리 전문 컨설턴트는 품질보증 업무를 수행하면서 프로젝트가 성공할 수 있도록 총괄적으로 자문한다.

4) 조직별 업무분장

가. 추진위원회: 회사의 임원급 간부가 추진위원회의 의장이 되며 프로젝트와 관련된 최고의 의사결정자가 된다.

나. 프로젝트관리자(PM): 프로젝트 관리의 최고 책임자로 Team Building을 수행하고 팀원들을 관리하여 프로젝트를 진행하며 추진위원회에 보고하는 프로젝트의 핵심인물이다.

다. 프로젝트 TFT: 프로젝트를 수행하는 핵심요원이다. 필요하다면 외부 전문 컨설팅 기관에 자문을 의뢰하여 컨설팅 파트

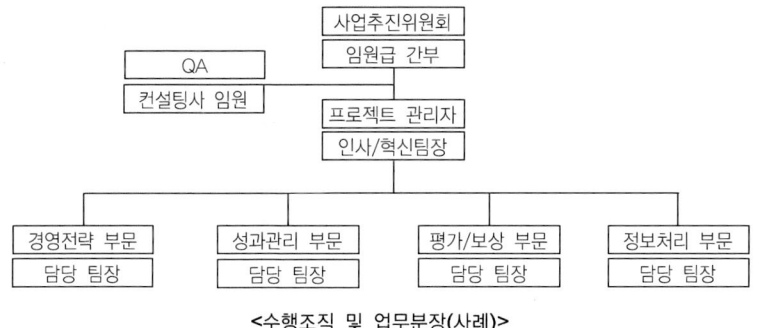

<수행조직 및 업무분장(사례)>

와 솔루션 파트의 인원이 동시에 참여할 수도 있다.

라. 프로젝트 키맨: 회사의 관련팀에서 1명 정도씩 프로젝트에 참여하는 인원으로 Full Time인원과 Part Time인원으로 구분할 수 있다.

3. 가치체계의 정립

가치체계란 기업이 보유하고 있는 고유의 핵심가치, 핵심 역량 등을 바탕으로 기업이 추구하는 바를 장기적인 기업의 가치방향과 중장기 목표(비전) 등을 일목요연하게 정리한 체계도를 말하며 그 구성은 미션을 정점으로 비전, 전략목표, 핵심 성공요인(CSF) 등으로 구분할 수 있다.

전략적 성과관리(BSC)시스템 구축은 가치체계가 명확하게 정립되지 않으면 이루어질 수 없다. 기업이 나아갈 방향인 미션과 일정기간 내에 달성해야 할 목표인 비전 그리고 비전을 달성하기 위한 핵심 역량이 무엇인지도 모르고 어디로 어떻게 갈 것인가?

기업의 목표방향이 명확하지 않은 상태에서 자원을 투입하여 업무를 수행하면 자원은 100% 투입하였으나 성과는 제로(0)인 결과를 초래하게 된다. 지금까지 열심히 일한다는 관행을 버리고 성과가 날 수 있도록 잘하자는 데 BSC의 목적이 있다.

가치체계를 구축하기 위해서는 기업이나 조직이 보유하고 있는 인적, 물적, 지적 자원과 현재 기업의 위치를 명확히 판단하는 것에서부터 시작해야 한다.

가치체계 구축 추진절차는
가. 사업의 성공에 대한 철학으로 우리 회사에 무엇이 중요한가
   에 대한 핵심 가치를 발굴하고 공유하여
나. 조직의 존재이유인 우리는 왜 존재하는가에 대한 미션을 정
   립하고
다. 미션방향으로 언제까지 얼마나 도달할지에 대한 조직의 3∼
   5년 후의 미래상인 비전을 개발하고
라. 비전을 달성하기 위한 실천과제로 전략목표를 설정하여 조
   직이 지속적인 발전을 할 수 있도록 가치체계를 구축한다.

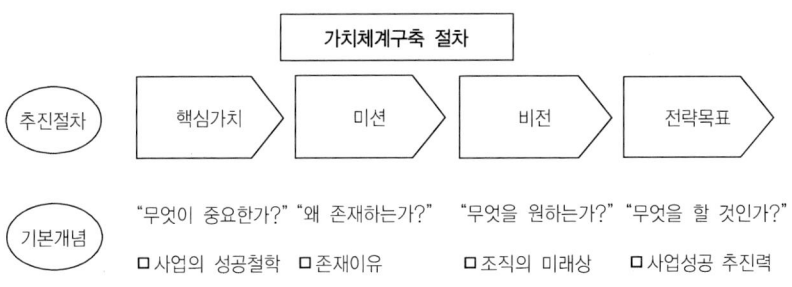

1) 핵심가치

웹스터 사전의 핵심가치에 대한 정의는 "본래부터 가치가 있거
나 바람직한 것으로 생각되는 일종의 원칙 또는 품질이다."라고 말
하고 있는데 가치관은 사람들에게 행동을 취하게 하는 힘을 제공

해 주는 힘의 원천이다. 가치관은 내재적이고 감정적이며, 대체로 변화시키기 어려운 것으로 무엇이 가장 중요한 것인지를 결정하게 하는 것이 가치관이다.

(1) 가치관의 특성

- 가치관은 행동 지침을 제공해 준다.
- 가치관은 규정이나 규칙을 대신한다.
- 자신의 가치관과 일치할 때 강한 에너지, 동기, 욕구, 의지 등이 나타난다.
- 조직의 가치관은 불문율과 같다.
- 가치관은 쉽게 변하지 않는다.
- 사람들은 자신의 가치관에 따라 행동한다.
- 하나의 가치관은 다른 가치관과 서로 갈등을 불러일으킬 수 있다.

(2) 조직의 핵심가치

- 핵심 가치는 범조직적인 공동의 신념을 형성한다.
- 핵심 가치는 업무수행에 관한 행동양식이나 기준을 결정해 준다.
- 핵심 가치는 오랜 시간 동안 지속적으로 존재하는 것이다.
- 핵심 가치는 최고경영자와 관리자들의 확신과 개인적인 가치관을 반영하여 구체화된다.

이론편

(3) 핵심가치에 대한 합의

핵심 가치에 대해 분명하고 공개적으로 합의하고 조직원들이 모두 공유하면

- 조직이 어느 정도 노력을 투입해야 할지 그 깊이와 범위를 결정해 준다.
- 무엇이 적절한 사업유형이고 무엇이 적절하지 않은 사업유형인지를 알려 준다.
- 개인의 기대를 설정하고 그것을 다른 사람에게 전달하는 데 도움이 된다.
- 조직 내에서 효과적으로 일할 인재를 채용하는 기준을 제공한다.
- 사업의 운영방식과 우선순의를 결정하는 데 도움이 된다.

(4) 조직가치의 사례(HP의 조직가치)

- We have trust and respect for individuals.
  (우리는 개인을 신뢰하고 존중합니다)
- We focus on a high level of achievement and contribution.
  (우리는 높은 수준의 성취와 공헌을 강조합니다)
- We conduct our business with uncompromising integrity.
  (우리는 최고 수준의 정직을 바탕으로 사업을 운영합니다)
- We achieve our common objectives through teamwork.
  (우리는 팀워크를 통해 공통 목표를 성취합니다)
- We encourage flexibility and innovation.
  (우리는 융통성과 혁신을 장려합니다)

(5) 가치진술문의 사례(SONY의 개척정신)

"Sony는 개척자이며 결코 남을 뒤따르려 하지 않을 것이다. 전진을 통해 Sony는 전 세계에 봉사하기를 원한다. Sony는 항상 미지에 대한 탐구자가 되어야 한다.

Sony는 개인의 능력을 존중하고 능력을 고무하는 원칙을 가지며… 각 개인이 최고 능력을 발휘할 수 있도록 항상 노력한다. 이것이 바로 Sony의 생명력이다."

출처: HBR '96. 9~10 "Building Your Company's Vision" James Collins, Jerry Porras

2) 미 션

미션이란 기업의 "존재이유를 말하며 우리는 왜 존재하는가", "우리는 왜 이 사업을 하는가?"라는 물음에 대한 답이라고 말할 수 있다. 기업은 영리가 목적인데 그 영리를 어떤 방법으로 이룰 것인가, 이룬 후는 어떻게 할 것인가가 명확히 정의되어야 한다.

인간은 공기 없이는 한순간도 존재할 수 없다. 인간이 살아가기 위해서 공기는 필수적인 것이다. 그렇다면 인간은 공기만을 마시기 위해서 태어났는가? 공기는 인간이 태어난 목적을 이루기 위한 도구가치이며 인간이 태어난 목적가치는 숭고한 목적을 이루기 위해서이다.

예를 들면 예수님은 이 세상에 사랑을 전하기 위해서 오셨고, 부처님은 이 세상에 자비를 전하기 위해서 오셨다. 인간은 각자 이 세상에서 해야 할 목적이 있다. 그것이 미션이다.

돈은 도구가치일 수도 목적가치일 수도 있다. 어떤 경우도 맞거

이론편

나 틀린다고 할 수는 없다. 그러나 돈을 목적가치로 할 경우 기업이 돈을 버는 목적을 달성한 후 할 일이 없어져 기업의 존재가치를 상실하고 방황할 수 있다. 그러나 돈을 도구가치로 볼 때 기업은 많은 돈을 벌어서 1차적으로는 고객과 조직원들을 만족시키고 그리고 사회를 위해서 봉사하거나 사회에 환원함으로써 보다 숭고한 목적을 달성할 수 있다.

기업은 돈 없이는 한순간도 존재할 수 없다. 기업이 볼 때 돈은 보다 숭고한 목적을 이루기 위한 도구일 뿐이며 기업이 돈을 번 다음 해야 할 숭고한 목적, 예를 든다면 사회봉사, 사회환원 등이 기업의 미션이 될 수 있다.

회사 설립목적에 나타난 경영이념, 경영방침 등, 그대로는 조직원들의 가슴에 동기를 부여하여 조직원의 열정에 불을 붙이기에는 부족함으로 아래와 같은 사항을 고려하여 미션을 정립한다.

(1) 미션의 정의

미션은 기업의 존재이유로서 50~100년간 존속할 수 있어야 하며 북두칠성이나 등대와 같이 방향을 가리키는 역할을 하며 미션의 방향으로 기업이 전진하지만 영원히 도달할 수는 없는 절대 가치방향을 말한다.

(2) 미션의 성격

멀리 있어서 영원히 도달할 수는 없는 방향성을 말하며 기업이 지향하는 방향을 말한다.

(3) 미션의 구성

미션은 계획된 미래(陽)와 핵심이념(陰)으로 구성되며 陰인 핵심이념은 핵심가치와 핵심목표로 불변의 가치를 가지고 陽을 도우며 陽인 계획된 미래는 BHAG(크고, 힘들고, 대담한 목표)를 이루기 위하여 달성할 목표에 대한 활력이 넘치고 매력을 끌면서 조직원을 한 방향으로 동기를 부여하는 힘이 있어야 한다.

(4) 미션의 형태

미션은 1음절이나 2음절 정도의 단문형태의 문장으로 ~하자, ~되자 등과 같은 형태의 문장이 적합하다.

(5) 미션 사례

핵심이념을 확인하는 것은 하나의 발견 프로세스이지만, 마음속 미래를 그리는 것은 창의적 프로세스(a creative process)이다.

BHAG를 생각해 내는 데 큰 어려움을 겪는 경우가 종종 있다. 창의적 프로세스 방법을 미래의 시각에서 접근한다. 그리하여 어떤 경영자들은 명확한 서술로 먼저 시작하고, 그로부터 BHAG로 되돌아가 더 크고, 더 멋진 미션을 창작한다.

이와 같은 접근은 다음과 같은 질문으로 시작한다, "우리는 20년이 지나면 이 위치에 있을 것이다." 우리는 무엇으로 보이기를 바라는가? 이 회사는 어떻게 보여야 하는가? 종업원들에게는 무엇을 느끼게 해야 하는가? 무엇을 성취해야 하는가?

이론편

마음속에 그린 미래가 옳은 것이냐 여부를 분석하는 것은 맞지 않다. 과업(Task)은 미래에 대한 예측이 아니라 창작(Creation)이다. 따라서 창작에는 정답이 존재하지 않는 것이다.

(6) 미션 수립 시 검토 사항

미션 수립 시 아래 3가지에 대한 명확한 정의가 필요하다.

가. 우리는 왜 존재하는가?(Why)

- 사회적인 요구
- 이해관계자의 요구

나. 누구를 위해 봉사하는가?(Whom)

- 우리의 고객은 누구인가?
- 우리는 어느 지역에서 봉사하는가?

다. 우리는 무엇을 제공할 수 있는가?(What)

- 우리가 제공하는 제품은 무엇인가?
- 우리가 제공하는 서비스는 무엇인가?

미션을 작성하고 검토할 때는 반드시 아래의 검토사항과 부합하는지를 검토해야 한다.

가. 이 미션은 앞으로 50~100년간 지속 가능한가?

나. 이 미션은 우리의 근본적인 존재이유인가?

다. 이 미션은 우리 업무의 중요성을 부여한 말인가?

라. 이 미션은 상상력을 자극하고 우리를 활기 넘치게 하는 것인가?

마. 이 미션은 우리가 가야 할 방향을 제시하는가?

▶ 미션 사례

미션은 기업이나 조직의 존재의미와 중장기적인 목표달성을 위한 중요한 과정이므로 '어떻게'라는 수단적인 측면보다는 '무엇을'이라는 거시적인 측면으로 접근하여 작성토록 하며 가치체계 설정에 지대하게 기여한 자를 선별하여 포상 등 인센티브 부여방안을 마련하여 운영하면 효과적이다.

The Best Global Company
- LG -
인류의 생활을 보호하고 향상이키자!
- Merck -
미해결된 문제를 혁신적으로 해결하자!
- 3M -
인류 복지와 진보를 위해 기술 측면에서 기여하자!
- HP -
대중에게 혜택을 주기 위한 기술의 진보와 적응의 기쁨을 경험해 보자!
- Sony -
디지털 컨버전스 혁명을 주도하는 기업!
- 삼성전자 -

(7) 미션 적절성 검토

브레인스토밍을 통하여 개인의 안을 도출하고 도출된 안을 분임조 내에서 그루핑을 통하여 유사하거나 중복되는 것들을 제거하고 분임조별로 3개의 안을 도출한 후 분임조별 발표를 한다.

<미션 작성 양식>

미션 안	미션 안에 대한 설명
1.	
2.	
3.	

분임조별로 발표된 안중에서 아래의 적절성 검토를 통하여 1차 안을 확정하고 1차 안을 전 분임조가 의미를 부여하고 다듬어서 2차 적절성 검토를 거쳐 확정한 후 임원진의 승인을 거쳐 최종 확정한다.

<미션 적절성 검토>

▪ 검토항목

	미션안	평가
1안		
2안		
3안		

▪ 검토항목

항목	검토항목	1안	2안	3안	비고
1	앞으로 50~100년간 지속 가능한가?				
2	우리의 근본적인 존재이유인가?				
3	우리 업무의 중요성을 부여한 말인가?				
4	상상력을 자극하고 우리를 활기 넘치게 하는 것인가?				
5	우리가 가야 할 방향을 제시하는가?				
	평가결과				

3) 비 전

비전이란 3~5년 동안에 우리조직이 이루어야 할 꿈이 실린 목표로서 바람직한 미래의 모습을 제시하는 것을 말한다. 조직이 3~5년 후 어떤 위치에 있기를 원하는지를 광범위하게 기술하는 것으로 어느 방향(미션방향)으로 얼마나 발전하기를 원하는지를 표현한 신념이다.

이것은 막연한 꿈이나 희망이 아니라 언젠가는 반드시 달성해야 할 실질적인 목표다. 따라서 비전을 통해 기업이나 조직의 모든 구성원들은 미래 자사가 어떤 기업이 되고 그 안에서 자신의 모습은 어떻게 될지를 예상할 수 있다.

(1) 비전의 정의

비전은 자신이 누구이고, 어디로 가고 있으며, 무엇이 그 여정을 인도할지를 아는 것으로서 일정시간(3~5년)에 이루고자 하는 것, 성취하고자 하는 것, 열망하는 것에 대한 합의로서 반드시 이루어야 할 목표다.

비전을 수립하고 공표하는 것 자체가 앞으로 기업을 어떻게 이끌어 가겠다는 전략의도를 밝히는 것으로서 경영전략의 첫 단추가 된다.

(2) 비전의 성격

3~5년이라는 중장기적 기간이 있고 그 기간 동안에 이루어야 할 구체적이고 실천 가능한 목표여야 하며 조직원의 마음과 열정

이론편

과 역량을 한곳으로 모아 줄 수 있는 슬로건 같은 것이라야 한다.

(3) 비전의 형태

▶ 비전 사례

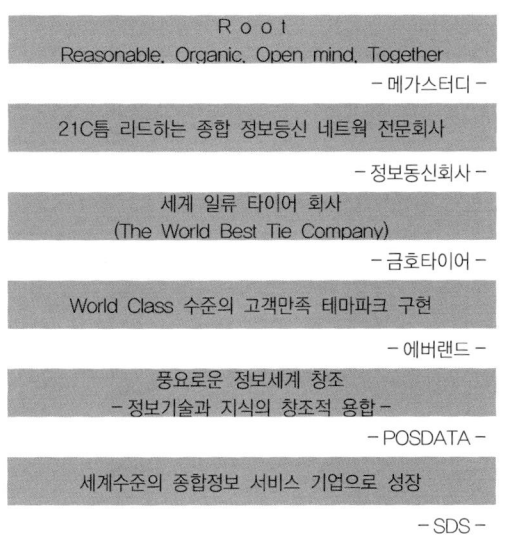

비전은 1음절이나 2음절 정도의 단문형태로서 ～하자, ～되자
등과 같은 형태의 문장으로 반드시 달성해야 할 기간이 명시되어
야 한다.

가. 정량적 표현의 비전
나. 정성적 표현의 비전
다. 혼합형 표현의 비전으로 구분할 수 있는데
조직의 필요나 형태에 따라 편리한 형태의 비전을 설정하여 사

용하면 좋지만 가능하다면 정량적 표현의 비전이 조직원들에게 명확한 동기를 부여하는 데 효과적이다.

(4) 확고한 비전을 위한 조건

가. 우리가 하고 있는 일이 무엇인지를 알 수 있게 해 준다.

나. 매일 매일의 결정을 내릴 수 있도록 지침을 준다.

다. 우리가 바라는 미래의 청사진을 눈앞에 그려 준다.

라. 영속성이 있다.

마. 더 훌륭해지려는 것이지만, 경쟁에서 이기는 데에 치중하지 않는다.

바. 단지 숫자의 나열이 아니라, 가슴을 설레게 하는 어떤 것이다.

사. 모든 이들의 마음과 정신에 와 닿는다.

자. 각자가 어떤 기여를 할 수 있는지를 알 수 있도록 해 준다.

(5) 기업 비전의 중요성

올바른 비전은 조직원의 참여를 이끌어 내며 활기를 불어 넣고, 조직원들에게 삶의 의미를 부여해 주며, 탁월성에 대한 기준을 설정해 주며, 현재와 미래를 연결해 주는 가교의 역할을 한다.

① 비전이 있을 때

조직구성원들이 확보한 목표의식과 공유가치에 입각하여 일사불란하게 행동함으로써 조직의 역량이 집결되고 조직성과가 높아지며 명확한 비전을 제시함으로써 기업이 무슨 목적으로, 왜 존재하는지를 분명히 깨닫고, 조직에 대한 강한 정서적 몰입을 유발할 수 있는 환경을 조성한다.

② 비전이 없을 때

조직의 목표가 불명확하고, 조직구성원들이 개별적인 행동을 취함으로 조직의 힘이 분산되고 조직의 성과가 낮아진다. 실패의 원인과 책임을 타인이나 타 조직에게 돌리면서 책임을 회피한다.

③ 조직비전의 필요성

- 공동의 미래상을 중심으로 사람들의 힘을 결집한다.
- 여러 사람이 행하는 일이 서로 조화를 이루도록 조정한다.
- 누구나 의사결정을 할 수 있게 한다.
- 사업계획 수립의 기초를 제공해 준다.
- 현실에 안주하지 않고 부적절한 현 상태에 도전하게 한다.
- 바람직하지 않은 행동을 더욱 눈에 잘 띄게 해 준다.

(6) 비전 수립 프로세스

CEO의 비전방향 제시를 시작으로 스텝들의 분석과 의견 수렴을 통하여 비전 초안을 완성하고 모든 계층의 인원이 모두 참여하여 의견을 수렴하고 수정, 보완, 추가하면서 비전안이 확정된다.

BSC 구축 시 비전 도출절차는 TFT의 WorkShop에서 분임조별로 브레인스토밍을 통하여 개인의 의견을 모으고 모아진 의견을 바탕으로 유사한 것끼리 그루핑을 하면서 최적안을 찾아내게 된다.

이렇게 도출된 의견을 바탕으로 분임조별로 의미를 부여하고 다

듣어서 분임조별로 2개안을 발표한다. 이렇게 발표된 안을 바탕으로 정당성, 유효성, 적절성 등을 점수를 부여하여 최고점수를 획득한 3개의 안을 가지고 다시 조별로 다듬고 의미를 부여하여 최종 선택을 한다.

선택된 안은 임원진과 간부진에게 보고회를 통해 보고하고 수정 보완하여 최종 안으로 확정하고 발표하게 된다.

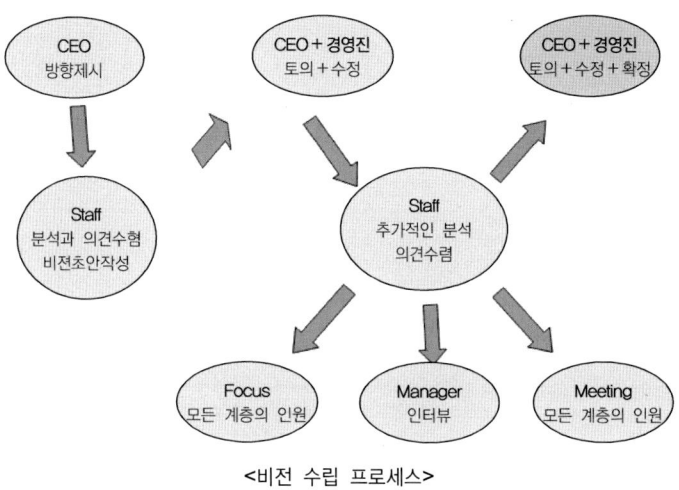

<비전 수립 프로세스>

(7) 비전 선언문의 조건

비전 선언문은 조직원 전체의 합의가 필요하며 막연한 희망이나 꿈이 아니라 도전적이면서 실현가능성이 있는 목표를 제시해야 하며 개인의 노력이 조직의 목표와 연결되고 목표달성을 위해 적극적인 참여와 의욕을 고취할 수 있는 간결하면서도 쉽게 이해하고 조직원들의 가슴에 하겠다는 열망을 불러일으켜야 한다.

• 우리들이 나아가고자 하는 곳을 표현한다.

이론편

- 알기 쉽고 이해하기 쉽다.
- 조직이 희망하는 정신을 가지고 있다.
- 내용의 완벽성을 추구하지 않음으로써 사람들이 나머지 부분을 채울 수 있게 한다.
- 모든 사람들이 선호하고 의미가 있는 미래의 상태를 묘사한다.
- 사람들이 그것을 들었을 때 강한 충동을 느낄 수 있는 것이다.
- 어려운 때일지라도 동기부여를 해 주는 힘을 제공한다.
- 달성 가능한 것으로 인식된다.
- 도전적이고 추진력 있고 도약적이다.

■ 비전 선언문의 사례(소니(Sony)의 비전 선언문)

우리는 전 세계에 퍼지게 될 상품을 만들 것이다.··· 우리는 미국시장에 진출해서 직접 판매하는 최초의 일본기업이 될 것이다.

우리는 미국기업들이 실패했던, 예를 들어 트랜지스터라디오 등의 기술혁신에 성공할 것이다.

지금부터 50년 후 우리의 상품명은 전 세계의 어느 곳에서나 유명한 것이 될 것이다.

그리고 어느 곳에서든지 가장 혁신적인 기업과 비견되는 기술혁신과 품질을 보여 줄 것이다.

일본 제품은 싸구려가 아니라, 좋은 것을 의미하게 될 것이다.

■ 비전 선언문의 사례(컴퓨터회사 비전 선언문)

우리는 동료들의 존경을 받게 될 것이다. 제조부서에서는 우리의 지원을 적극적으로 구할 것이고, 우리 부서에서 만든 제품들은 주로 우리의 기술적인 기여로 인하여 시장에서 빅 히트를 치게 될 것이다.

우리는 스스로에 대해 자부심을 갖게 될 것이다. 우리 회사에서 가장 진취적인 사람들은 우리 부서에서 일하고자 할 것이다.

우리 부서 사람들은 누가 묻지 않아도 자신이 하고 있는 일을 진정 좋아하고 있다고 스스로 말할 것이다.

우리 부서 사람들은 성공의 길을 걸을 것이다. 우리 부서 사람들은 자신이 원하기 때문에 기꺼이 열심히 일할 것이다.

고객들은 우리가 그들의 생활에 긍정적으로 기여하고 있다는 것을 느낄 것이다.

(8) 비전의 미래에 대한 시각

최고경영자는 우선적으로 미래를 위한 준비를 위해 충분한 시간적 배려를 하고, 종업원들이 가지고 있는 좁은 세계관을 확장시켜 줄 수 있도록 노력해야 한다.

미래에 조직원들과 회사가 어느 위치에 서 있는지를 알 수 있도록 명확하고 간결하고 실행 가능한 미래 청사진을 제시해야 한다.

(9) 비전 검토 사항

비전을 작성하고 검토할 때는 반드시 아래의 검토사항과 부합하는지를 검토해야 한다.

가. 이 비전은 달성 여부를 측정할 수 있는가?

나. 이 비전은 언제까지라는 기간이 명시되어 있는가?

다. 이 비전은 모호하거나 추상적이지 않은가?

라. 이 비전은 조직원의 마음과 열정과 역량을 모아 줄 수 있는가?

마. 이 비전은 실행 가능한가?

바. 우리의 핵심 역량은 무엇인가?

사. 우리의 미래 모습은 어떤 것인가?

비전은 반드시 실행해서 달성해야 할 목표이기 때문에 실행력에 중점을 두고 언제까지, 누가, 어떻게 달성할지가 명시되어야 한다.

(10) 비전 적절성 검토

<비전 적절성 검토>

• 비전 안

	미션안	평가
1안		
2안		
3안		

• 검토항목

항목	검토항목	1안	2안	3안	비고
1	달성여부를 측정할 수 있는가?				
2	기간이 명시되어 있는가?				
3	모호하거나 추상적이지 않은가?				
4	조직원의 마음과 열정과 역량을 모아줄 수 있는가?				
5	실행 가능한가?				
6	핵심역량은 무엇인가?				
7	미래 모습은 어떤 것인가?				
	평가결과				

브레인스토밍을 통하여 개인의 안을 도출하고 도출된 안을 분임조 내에서 그룹핑을 통하여 유사하거나 중복되는 것들을 제거하고 분임조별로 3개의 안을 도출한 후 분임조별 발표를 한다.

분임조별로 발표된 안중에서 아래의 적절성 검토를 통하여 1차 안을 확정하고 1차 안을 전 분임조가 의미를 부여하고 다듬어서 2차 적절성 검토를 거쳐 확정한 후 임원진의 승인을 거쳐 최종 확정한다.

4) 관 점

전략적 성과관리(BSC)시스템에서 기본 관점은 학습과 성장 관점, 내부 프로세스 관점, 고객 관점, 재무 관점으로 구분하고 있는데 특수한 경우의 기업을 제외하고 일반 기업은 이 4대 관점을 그대로 적용해도 큰 무리가 없다.

(1) 관점의 정의

관점이란 조직의 가치창출의 원천을 정의하여 경쟁우위의 근원을 밝히는 것이다.

(2) 관점의 설정

① 영리조직
영리조직은 조직원들을 학습과 성장 관점에서 조직원의 지식과 능력을 향상시켜 향상된 역량으로 내부 업무프로세스를 효율적으로 운영하여 고객을 만족시키고 그 결과 재무적 성장을 이룬다는 기본사상에서 출발한다.

이론편

② 비영리조직

비영리조직은 고객(국민)에게 저비용으로 고품질의 서비스를 제공하는 것이 목적임으로 재무관점이 제한요소로 작용한다. 그래서 자원관점에서 그들이 보유한 유무형의 자산을 근간으로 학습과 성장 관점에서 조직원을 성장 발전시켜 내부 프로세스 관점에서 저비용 고품질의 서비스를 제공하여 고객 관점에서 국민을 만족시킨다는 목적으로 관점을 수정하여 사용하기도 한다. 관점은 고정된 개념이 아니라 조직의 가치지향에 따라 관점의 수정, 변경 사용이 가능하다.

(3) 관점 검토 사항

관점을 설정할 때는 투입, 과정, 산출, 결과에 대한 인과관계를 고려하면서 관점을 설정해야 한다.

가. 재무 관점: 우리조직이 추구하는 최종적인 목표인가?
나. 고객 관점: 우리는 고객에게 어떻게 할 것인가?
다. 내부 프로세스 관점: 내부적인 운영 프로세스인가?
라. 학습과 성장 관점: 조직원이 성장하는 데 필수적인 요소인가?

(4) 관점의 적정성 검토

미션, 비전, 전략목표가 설정된 후 워크숍을 통하여 충분한 토의와 검토 후 아래의 관점 적정성 검토를 통하여 결정한다.

■ 관점 확정단계의 체크 포인트

세부 단계	체크 포인트
전략 Grouping	• 기존의 전략을 Grouping하여, 조직의 전략방향을 확인한다. • 현재의 전략 방향이 조직의 비전 달성 방향과 일치하는가? • 수립된 전략이 균형적이며, 비전 달성에 충분하게 구성되었는가? • 전략 간에는 연계되어 있으며, 연계가 부족하거나 누락된 부분은 없는가?
이해관계자 분석 및 가치도출	• 조직의 주요 이해 관계자는 누구인가? • 각 이해 관계자들이 우리로부터 얻고자 하는 가치는 무엇인가? • 가장 우선적으로 제공되어야 할 가치의 운선순위를 결정한다. • 전략 대안들이 이해 관계자들의 기대를 충족시키기에 충분한가?
후보 관점 설정	• 우리 기업의 가치를 향상시키기 위해 설정할 수 있는 가능한 관점들은 무엇인가?
후보 리스트 조정	• 산업 및 환경의 특수성이 반영되었는가? • 설정된 관점은 비전을 달성하기에 충분한가? • Key business driver가 반영된 관점인가? • 설정된 관점들을 통합하거나 분리할 수 있는가?
관점 확정	• 이상의 체크리스트를 통해 4~6개 정도의 관점을 설정

(5) 관점의 종류

관점을 설정하는 것은 기업의 가치가 어디에서부터 창출되는지를 정의함으로써 기업과 조직에 있어 사업의 경쟁우위를 밝히는 과정으로 영리조직은

    가. 재무 관점

    나. 고객 관점

    다. 내부 프로세스 관점

    라. 학습 및 성장관점으로 구분하지만

기업이 추구하는 목적과 방향에 따라 수정, 변경, 추가가 가능하다.

4. 전략목표

1) 전략목표의 정의

자신이 보유하거나 활용 가능한 인적, 물적, 지적 자원을 효율적으로 활용하여 조직의 가치를 증대하여 기업이나 조직의 비전을 달성할 수 있는 목표로 고객 지향적이어야 하며 경쟁우위를 창출할 수 있어야 한다.

2) 전략목표의 개발

전략목표 개발 시 무엇을 얻으려고 그 일을 하는지에 대한 명확

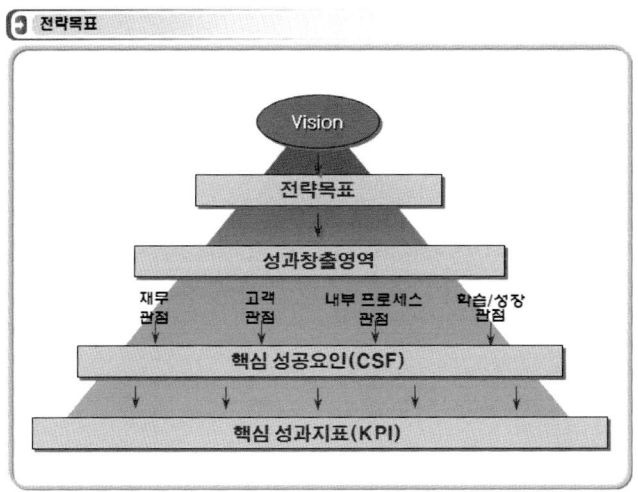

<전략목표>

한 답을 필요로 한다. 어떻게 할 것인가가 아니라 무엇을 할 것인가(What)에 초점을 맞추어야 한다.

■ 전략목표의 중요성

- 올바른 방향으로 집중할 수 있도록 건전한 의사결정기준을 제공한다.
- 잘못된 방향으로의 유혹을 막아 준다.
- 미션과 비전을 강화한다.
- 조직이 나아갈 방향에 대해 공통적인 합의를 이끌어 낸다.
- 시간과 노력을 절약한다.
- 투자회수율을 증가시킨다.
- 주주 등 이해관계자 측의 관심을 배가시킨다.
- 모든 주요 이해관계자에게 명확한 방향감을 제공한다.

3) 전략목표 작성방법

① 환경분석	·외부 환경분석 ·내부 역량분석 ·SWOT 분석
② 전략대안의 도출	·전략적 대안의 도출 ·대안의 장단점 비교 분석 ·시나리오 분석기법
③ 전략대안의 평가	·전략수행의 중요도와 긴급도 평가 ·AHP 기법
④ 우선순위 부여	·우선순위에 따른 자원 및 역량의 배분 ·최고경영자의 의지에 의해 추진되는 전략은 수용 ·AHP 기법
⑤ 전약목표의 도출	·참여자 전원의 토의와 합의과정을 거쳐서 전략목표 선정 ·LOGIC, MECE 기법

<전략목표 수립절차>

이론편

전략목표는 조직이 속한 산업 내에서 지속적으로 생존하고 번영하기 위해 가장 중요한 요소들로서 도출된 전략목표는 조직이 진출한 시장 내에서 지속적으로 경쟁 우위를 유지하기 위한 가장 우선적 요건임으로 이에 부합하는 전략목표를 도출한다.

전략목표 도출 시 목적어와 동명사를 사용하여야 하며 효율적인~, 효과적인~ 같은 단어의 사용은 지양해야 하며, 전략목표 도출절차는 다음과 같다.

(1) 환경분석

전략목표 수립을 위한 환경분석을 위하여 기업이 속한 산업에 대한 거시환경분석, 산업구조분석, 경쟁사분석 및 고객분석 등 외부환경분석과 수익성, 시장분석, 비즈니스 시스템 및 핵심 역량 분석 등 내부 역량분석을 기초로 환경분석(예, SWOT 분석)을 실시한다.

(2) 전략대안의 도출

환경분석이 끝나면, 가능한 몇 가지의 전략적 대안들을 도출해 내고 이들 각각의 장단점을 분석해 보고 전략을 확정한다. 전략적 대안을 분석하는 방법에는 여러 가지 방법이 있지만 시나리오 분석기법을 많이 사용한다.

(3) 전략대안 평가

전략적 대안이 선정되면, 전략 수행의 중요도와 긴급도에 따라 전략적 대안들을 평가해야 한다. 전략의 우선순위는 워크숍을 통해서 가능하며 전략의 우선순위에 따라 자원 및 역량의 배분이 달라져야 한다.

(4) 우선순위 부여

우선순위에 대한 조직원들의 합의를 도출하기 위하여 워크숍 시 진행자의 역할이 중요하며 영향력 있는 한 사람의 의견에 이끌리지 않도록 세심한 주의가 필요하다. 때로는 최고경영자의 의지에 의해 추진되는 전략은 이에 따라야 한다.

(5) 전략목표 도출

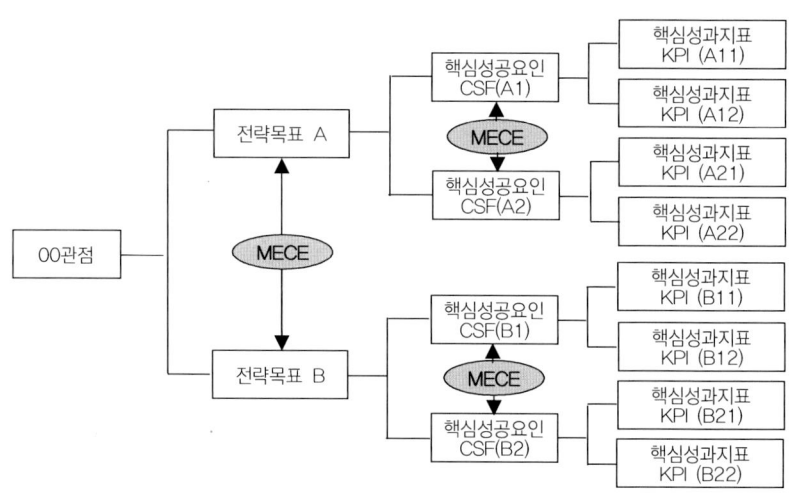

<LOGIC TREE>

전략목표를 작성할 때는 중복과 누락의 방지를 위하여 Logic Tree 를 작성하고 MECE (Mutually Exclusive Collectively Exhaustive: 미시)

이론편

기법을 사용하면 효과적으로 전략목표, 핵심성공요인(CSF), 핵심성과지표(KPI)를 작성할 수 있다.

전략목표의 작성은 해당 사업부의 업무를 잘 이해하고 능력 있는 팀장급들이 작성한 후 워크숍을 통하여 전략목표를 도출한다.

전략목표가 도출되면 핵심 성공요인(CSF)과 핵심성과지표(KPI)를 개발한다. 여기까지 완료되면 지금까지의 진행과정 기록들을 모아 중간보고서를 작성하고 임원진, TFT 등의 관련자가 모두 모인 가운데 발표회를 가지고 수정, 변경, 추가 의견을 반영한 후 전략목표를 하부 사업부와 팀 단위까지 캐스케이딩(Cascading)을 한다.

지금까지 진행된 모든 과정은 지속적으로 피드백을 실시하면서 수정, 보완 작업을 최종보고서가 작성되기 전까지 계속하면서 완성도를 높여 간다. 일단 최종보고서가 작성된 이후의 수정, 보완은 가능하지만 특정 개인이나 팀, 사업부의 요구를 반영할 때는 BSC 위원회의 승인이 있어야 가능하도록 해야 한다.

4) 전략목표 작성 방법

가. 작성자: 해당 업무를 잘 이해하고 능력 있는 팀장급들이 작성한 후 워크숍을 통하여 전사 전략목표를 도출한다.

나. 사용 Tool: BCG Matrix 분석, Mackinsey 7'S 분석, SWOT 분석 등

• ISSUE TREE: ISSUE TREE는 문제의 파악이나 해결의 목적으로 MECE의 논리적 사고방식에 따라 다양한 ISSUE TREE를

추출하여 나뭇가지 형태로 나열한 것.

- MECE(Mutually Exclusive Collectively Exhaustive: 미시) MECE(미시)
는 전략적 사고의 기본이 되는 사고방식으로 전략목표, 성과 목표
등을 도출 시 중복과 누락을 방지하는 데 많이 활용하는 기법.

5) 전략대안의 평가 및 우선순위 부여

전략적 대안이 선정되면, 전략 수행의 중요도와 긴급도에 따라
전략적 대안들을 평가해야 한다. 전략의 우선순위는 워크숍을 통해
서 가능하며 전략의 우선순위에 따라 자원 및 역량의 배분이 달라
져야 한다.

우선순위에 대한 조직원들의 합의를 도출하기 위하여 워크숍 시
진행자의 역할이 중요하며 영향력 있는 한 사람의 의견에 이끌리
지 않도록 세심한 주의가 필요하다.

때로는 최고경영자의 의지에 의해 추진되는 전략은 이에 따라야
한다.

6) 전략목표 작성 체크포인트

체크항목을 체크한 결과 70점 이하의 전략목표는 따로 분류하여
재검토해야 하며 해당 전략목표가 비전달성에 기여하는지를 항상
질문하면서 체크할 필요가 있다.

전략목표의 적절성 검토

순위	체크항목	배점	평점
1	이 전략목표는 고객을 만족시키고 중요한 가치를 부여할 수 있는가?	10	
2	이 전략목표는 성과를 창출할 수 있는가?	10	
3	이 전략목표는 달성가능한 현실적 목표인가?	10	
4	이 전략목표는 경제적인 목표인가 도덕적인 목표인가?	10	
5	이 전략목표는 최적화 목표인가 최대화 목표인가?	10	
6	이 전략목표는 장기적인 조직의 비전과 일관되게 연결되어 있는가?	10	
7	이 전략목표가 달성되면 조직의 비전이 달성되는가?	10	
8	우리의 한정된 자원을 효율적으로 활용하는가?	10	
9	예상되는 위험요인은 무엇이며, 이를 어떻게 극복할 것인가?	10	
10	최적의 실행 순간을 포착할 수 있는가?	10	
	평가결과	100	

5. 핵심성공요인(CSF)의 설정

1) BSC의 구조적 이해

BSC는 기본적으로 4개의 관점, 전략목표, 핵심성공요인(CSF), 핵심성과지표(KPI)로 구성되어 상호 간 인과관계가 성립되어야 한다.

전략목표를 선정한 후 전략목표를 달성하기 위한 핵심성공요인(CSF)을 선정하고 달성 여부를 측정하기 위하여 핵심성과지표(KPI)를 설정한다. 마지막으로 핵심 성과지표(KPI)를 달성하기 위한 동인인 이니셔티브를 설정함으로써 완료된다.

전략목표는 BSC시스템에서 하위 조직(또는 개인)으로 Cascading을 통해 모든 조직단위의 전략목표와 연계되도록 하여 부서(또는

개인)의 역량이 기업의 전략 실행에 일관되게 집중될 수 있도록
설계해야 한다.

<전략목표 적절성 검토 체크시트>

예상관점	전략목표	적정성	대표성	목표 지속도	미래 지향도	목적 달성도	계

적정성 판단시 1.전략, 2.성과, 3.수단, 4.기타

아래 그림은 BSC의 구조를 간략히 설명하고 있는데 최종 목표
는 비전달성이다.

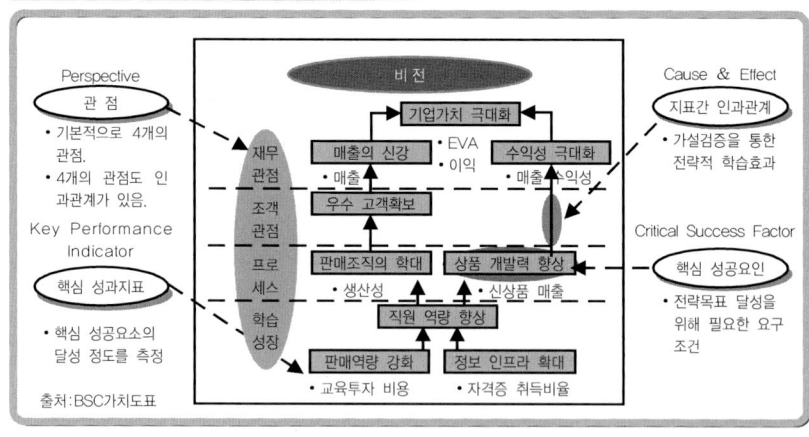

이론편

2) 핵심성공요인(CSF)이란?

핵심성공요인(Critical Success Factor)이란 조직의 전략목표를 달성하기 위한 핵심요소로 반드시 달성해야 하는 목표 혹은 전략적 성공에 있어서 핵심이 되는 중요한 요소를 말한다. 핵심성공요인(CSF)은 전략목표의 하위목표로서 비교적 좁은 의미이며 측정과 시간 요소를 포함하는 문장으로 표현한다.

핵심성공요인(CSF)은 조직의 현재 경영성과뿐만 아니라 미래의 가치를 증대시키기 위해 무엇을 관리해야 하는지를 정확하게 알려준다. 또한, 전략목표를 달성하기 위한 세부목표이며, 하나 이상의 지표로 측정할 수 있어야 한다.

핵심성공요인이 기존 핵심성과지표(KPI)와 다른 점은 다음과 같다.

첫째, 전략목표 실행을 위한 핵심 요인으로 연계되어야 한다.

둘째, 기업이나 조직의 전략적 의미가 담겨 있다.

셋째, 성과에 대한 책임을 분명히 한다.

넷째, 미래 예측을 가능하게 하는 정보를 제공한다.

3) 핵심성공요인(CSF) 도출

BSC에서 전략목표는 핵심성공요인(CSF)의 실행에 의하여 구체화된다. 핵심 성공요인은 전략목표 실행을 위하여 조직이 가장 역점을 두고 실행해야 하는 요인을 말하는데 이를 핵심성공요인(CSF)이라 한다.

핵심성공요인(CSF)은 "개인, 부서 또는 조직에게 성공적인 결과를 가져옴으로써 경쟁력 있는 업무 수행을 보장해 줄 수 있는 한정된 수의 영역"을 의미한다. 따라서 사업이 번창하고 경영자의 목표가 달성될 수 있기 위해 반드시 성공하여야 할 몇몇 주요 영역이 바로 핵심 성공요인이다. 이러한 핵심 성공요인은 주로 5가지 원천에서 도출된다.

가. 해당 산업: 산업 자체의 특성으로부터 도출되는 핵심성공요인
나. 경쟁적 전략/업계 내의 위치: 기업의 특정 활동 범위 또는 역할에 의해 도출되거나 또는 고유한 전략에 의해 도출되는 핵심성공요인
다. 환경적 요인: 환경적 변화 요인에 의해 도출되는 핵심성공요인
라. 일시적 요인: 단기적 위기 상황에 의해 도출되는 핵심성공요인
마. 관리직의 위치: 특정 관리자에게 관련되어 있는 핵심성공요인

BSC와 같은 성과관리 방법을 조직에 도입하여 적용하는 과정에서 가장 먼저 현실적으로 부딪히는 문제는 합리적이고 유효한 핵심성공요인(CSF)을 찾아내는 일이다. BSC의 효과성을 높이기 위해서는 성과평가 측정기준과 측정치가 타당해야 하고 구성원들로부터 수용될 수 있어야 한다는 점이다. 이를 위해 전략목표와 비전 분석을 토대로 한 핵심성공요인(CSF) 도출과 함께 구성원들의 수용도를 높이기 위해 직원들의 적극적 참여와 의사결정 과정에의 합리적 반영 등을 확보할 필요가 있다.

이는 핵심성과지표(KPI)의 도출과정에도 해당된다. 상위지표와 일관성을 유지함과 동시에 직무 및 역할 분석을 토대로 타당성 있는

지표를 도출해야 함은 물론이고 조직(부서장, 팀장 포함)과 개인 간 적극적인 의사소통과 합리적 통합을 통해 지표 및 목표치가 확정되어야 한다.

대부분의 BSC 도입 조직에서 유효하고, 합리적인 지표를 조직 구성원의 합의하에 도출하도록 명시적으로 규정하고 있지만, 실제로는 활용할 수 있는 방법의 부재로 어려움을 겪고 있는 경우가 많다. 이런 경우 비록 확정된 지표라고 하더라도 구성원들의 수용도가 낮아져 성과평가 결과와 그 결과의 활용에 대해 불만을 가지게 될 것이다.

(1) 핵심성공요인(CSF) 도출 단계

Step 1. 전략목표
- 환경분석을 기초로 조직의 전략목표 확정

■ 환경분석

1) 경영이념 분석	– 최고경영자 경영방침 – 기관의 설립목적 분석 – 해당기관의 이미지
2) 위상분석	– 해당업종의 위상변화 – 해당 전문 기관으로서의 위상분석 – 사업영역분석
3) 환경분석	– 정치환경 분석 – 정책환경 분석 – 경제환경 분석 – 사회 문화적 환경의 분석
4) 산업분석	– 해당업종의 환경 분석 – 해당업종의 구조분석 – 국민 의식구조 분석

5) 내부능력분석	- 경영부문 - 개발부문 - 생산부문 - 영업부문 - 홍보부문 - 인사, 조직, 교육부문 - 재무부문
6) 선진기업분석	- 업무(비즈니스)프로세스 - 제품 기능과 품질 - 조직구성 및 수행직무 등

■ 환경분석에 사용하는 자료

- 관련 정책자료, 관련 법규 등의 관련 문헌자료

- 경영평가 보고서

- 사업계획서

- 노사협의 의사록

- 고객서비스자료(불만처리)

- 조직도표, 정원표, 급여테이블

- 정관, 사내홍보물,

- 사업계획서, 부서별 업무실적보고서

- 주요 당면현안과제, TOP 지시사항

- 정관, 사내홍보물, 외부공시자료

- 실무자, 부서장, 임원 등에 대한 설문조사자료 등

Step 2. 핵심성공요인(CSF) 도출

- 최고경영진들과 인터뷰(또는 설문조사)

- 산업전문가 의견 청취

- 핵심 구성원들과 워크숍 실시

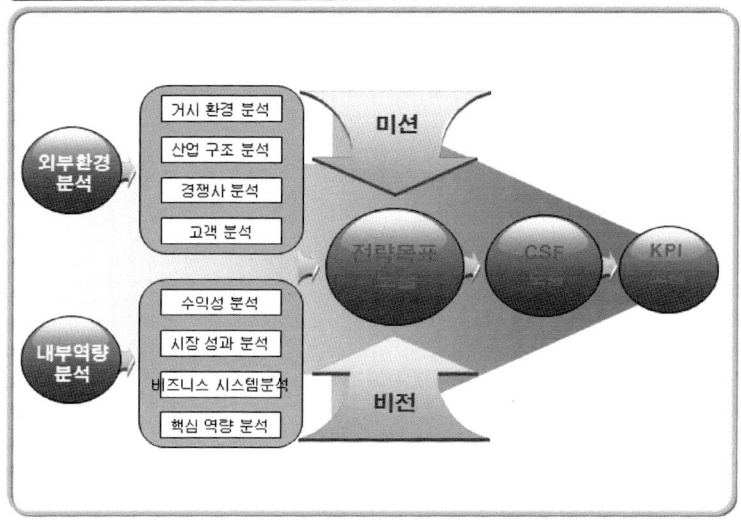

<핵심성공요인(CSF) 도출과정>

Step 3. 전략목표와 핵심성공요인(CSF)과의 인과관계 구성
 - 전략과의 연계성을 위한 조정 작업

(2) 핵심성공요인(CSF) 개발원칙

핵심성공요인(CSF)을 개발하는 원칙은 아래와 같다. 원칙에 준하여 핵심성공요인을 개발하면 오류와 시간낭비를 방지할 수 있다.

가. 전략목표와 연계되어야 한다.
나. 설정된 관점상에서 조직의 과거, 현재, 미래를 한눈에 바라볼 수 있어야 한다.
다. 고객, 투자자와 기타 이해관계자들의 욕구를 기반으로 개발되어야 한다.

라. CEO의 의지로 시작하여 조직의 모든 구성원들에게 전파되어야 한다.

마. 환경과 전략의 변화에 따라 조정이 가능해야 한다.

바. 정확한 조사에 근거하여 설정되어야 한다.

⊃ 핵심 성공요인 [CSFC] 개발상의 이슈

• 무엇이 핵심인가	• 핵심가치 동인을 규명하는 문제
• 무엇이 원인이고 결과인가?	• 선행지표와 후행지표들을 올바르게 선택하는 문제
• 무엇이 Best Practice인가?	• 경쟁사에 대한 벤치마킹 자료 입수 문제
• 어떻게 지표들 간에 균형을 맞추는가?	• 재무적 지표들과 비재무정 지표들간의 균형을 이루는 문제
• 같은 지를 사용해도 좋은 가?	• 상이한 전략적 사업 단위 간에 일관된 지표를 적 용하는 문제
• 이해관계자가 누구인가?	• 서로 다른 이해관계를 파악하고 조정하는 문제
• 몇 개가 적당한가?	• 적정한 지표의 개수 선정문제

⊃ 전략목표/핵심 성공요인 [CSF] 작성시 착안점

1. 고객에게 무엇을 주려고 하는가?

2. 그본적인 목표이어야 한다.(수단과 방법들은 이니셔티브)

3. 과정이나 투입보다 격과를 측정할 수 있어야 한다.

4. 왜 하려고 하는지?(원인을 찾아야 함)

5. 누구를 위하여 하는가?(진정한 고객은 누구인가?)

6. 지속적인 활동의 결과인가?(활동하지 않아도 얻어지는 것은 목표가 아님)

7. 효과적00, 효율적00. 000관리 등과 같은 표현은 피한다.

8. 목적어+동명사 형태로 작성한다.(무엇은 어찌)

9. 비전과 미션이 달성되고 있는지를 확인할수 있어야 한다.

(3) 핵심성공요인(CSF) 개발 점검 체크리스트

워크숍을 통하여 도출된 핵심성공요인(CSF)은 참가자의 협의와 토론을 거쳐 합의과정을 거쳐 선택되어야 하는데 이때 아래의 핵심성공요인(CSF) 개발 점검 체크리스트에 의해 도출된 안들이 점수화의 과정을 거치고 참가자 전원의 합의에 의해서 도출되어야 한다.

점수화 과정에서 적합성 종합점수의 높은 안을 중심으로 토론하고 협의하여 최종안을 도출한다.

■ 핵심성공요인별 적합성 검토 체크리스트

전략목표	핵심성공요인	전략 연계성	목표 중요성	활동 지향성	데이터 가용성	지속 가능성	계

적정성 판단시 1.전략, 2.성과, 3.수단, 4. 기타로 표시를 평점방법 - 5: 매우우수, 4:우수, 3:보통, 2: 미흡, 1:매우미흡

6. 전략 맵의 작성

1) 전략 맵(Map) 개요

① 전략 맵의 개발

전략 맵은 전략의 핵심적인 개념 및 프로세스들을 각 관점 별로 심도 있게 제시하고, 각 관점별 목표 및 프로세스가 다른 관점의 목표 및 프로세스와 어떤 인과관계를 가지고 연계되는지를 보여 준다.

② 전략 맵의 개념

전략 맵은 BSC의 4가지 관점(①재무, ②고객, ③내부프로세스, ④학습과 성장)으로 조직의 전략적 목표를 통합하여 시각적(화살표와 도표를 사용)으로 보여 주는 개념적 틀(framework)을 말하며 전략의 체계화와 전략 실행 사이에 연결이 끊어진 곳을 이어 주는 역할을 한다.

2) 전략 맵 템플릿

전략 맵 템플릿은 일반적인 기업을 모델로 작성되었음으로 자사의 비즈니스 영역을 고려하여 참고자료로 활용하면 효과적이다.

이론편

3) 전사 전략 맵 사례

■ 금호타이어

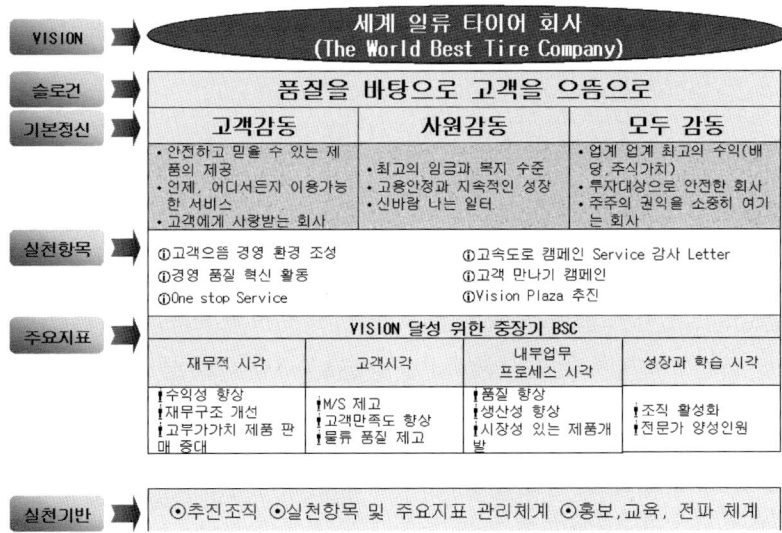

7. 핵심성과지표(KPI)의 설정

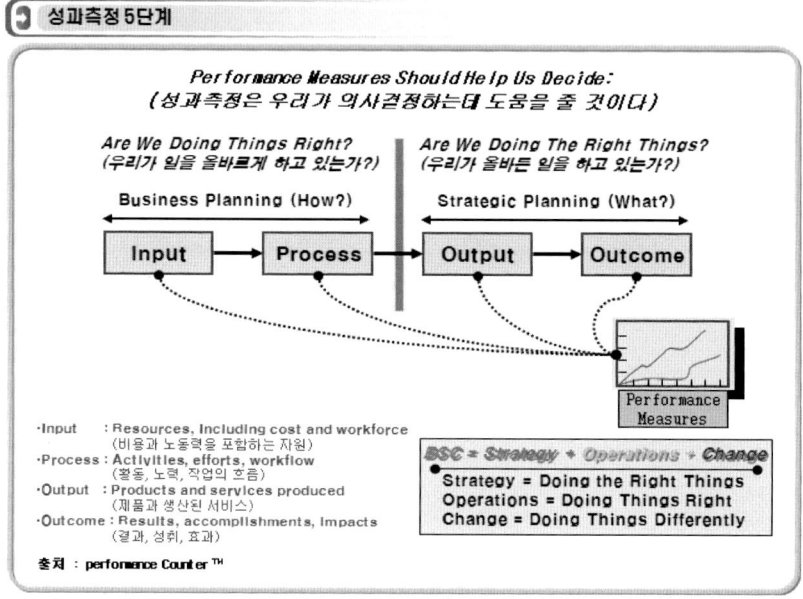

<성과측정 5단계>

1) 핵심성과지표(KPI)란?

관리해야 할 대상에 대한 계량적 수치를 제공하는 지표를 말하며 조직이 추구하는 전략 및 업무에 대한 측정과 평가의 기준을 제공해 준다.

핵심성과지표(Key Performance Indicator)란 조직의 임무, 전략목표, 핵심성공요인(CSF)의 달성 여부를 측정하는 척도로서 성과를 측정할 수 있도록 계량적 혹은 질적으로 나타낸 것을 말한다.

핵심성과지표(KPI)에 의해 객관적이고 정확하게 성과의 달성수준을 측정할 수 없는 경우에는 성과관리의 목적을 달성할 수 없기 때문에 핵심성과지표(KPI)는 성과관리의 가장 중요한 요소가 된다. 결과적으로 핵심성과지표(KPI)를 개발하는 것이 BSC 도입의 핵심이라 할 수 있다.

2) 핵심 성과지표(KPI)의 분류

핵심 성과지표(KPI)는 Process상으로 분류하면 투입지표, 과정지표, 산출지표, 결과지표로 분류할 수 있으며 효과성에 따른 분류는 효과성지표와 영향성지표로 분류하며 결과로 분류하면 중간결과와 최종결과로 분류할 수 있다.

표준관점을 기준으로 설명하면 학습과 성장관점에 속한 핵심 성과지표(KPI)는 투입지표, 내부프로세스 관점에 속한 핵심 성과지표(KPI)는 과정지표, 고객관점에 속한 지표는 산출지표, 재무관점에 속한 지표는 결과지표로 구분할 수 있다.

(1) 지표의 속성을 기준으로 분류

핵심 성과지표(KPI)의 유형에는 지표의 속성을 기준으로 볼 때 투입지표, 과정지표, 산출지표, 결과지표로 나누어진다.

가. 투입지표: 투입된 재원, 인력 등을 나타낸다. 사업추진의 효율성이나 생산성을 판단하는 것이 중요한 경우에 사용된다.

나. 과정지표: 미완성의 사업에 투입된 재원, 인력 등을 나타낸

다. 궁극적인 성과지표가 될 수는 없다. 중간단계에서 사업 추진의 효율성 및 결과물을 분석하는 자료로써 중요한 역할을 수행한다. 중간결과물의 평가를 통해서 사업추진이 계획된 일정에 따라 추진되고 있는지 검토할 수 있다.

다. 산출지표: 완료된 사업의 재화와 서비스를 나타낸다. 사업의 궁극적인 성과를 제시하지는 못한다.

라. 결과지표: 사업의 추진으로 발생한 재화나 서비스로 인한 상황이나 행동의 변화를 나타낸다. 즉 사업추진 자체로 인한 성과가 아니라, 그러한 성과가 가져다주는 보다 궁극적인 성과를 의미한다.

마. 효과성지표: 효과성은 투입/산출, 생산성은 산출/투입으로 구한다. 효과성지표에 지나치게 의존하면 산출의 증대에만 중점을 두는 재정운영을 유도하여 사업의 궁극적인 결과나 서비스의 질은 등한시하게 된다.

바. 영향지표: 사업으로 인해서 변화한 상황을 설명하기 위한 지표이다. 나타난 결과가 사업에 의한 것인지 다른 외부적인 영향에 의한 것인지를 구별하기 어렵다.

사. 중간결과: 최종결과는 아니지만, 최종결과로 이끌어 주는 결과를 나타낸다.(공공서비스의 질도 중간결과로 취급될 수 있음) 사업추진 과정을 중간점검 하는 데 유용한 정보를 제공한다. 장기적으로만 사업 효과를 판단 할 수 있는 경우에는 단기적 사업성과를 평가하기 위해서 중간결과를 이용한다. 사업추진방향에 따라 영향을 받는다.

자. 최종결과: 사업의 대상에게 중요한 변화를 일으키는 결과를

의미한다.(서비스 결과에 대한 소비자 만족도는 최종결과를 나타낸다) 사업추진 방향과는 무관한 경우가 많다.

(2) 설계를 기준으로 한 분류

핵심성과지표(KPI)는 성과달성 목표대비 달성된 수준을 평가하고 의사소통을 하는 수단이다. 핵심성과지표(KPI) 설계의 핵심을 이루는 선행지표와 후행지표가 있다.

가. 선행지표: 결과를 주도하거나 결과를 낳게 하는 지표이며, 후행지표의 성과를 예측할 수 있게 해 준다. 보통은 진행 중인 프로세스와 활동에 대한 성과를 측정한다.
나. 후행지표: 일반적으로 이전에 행해진 행동에 대한 결과를 나타낸다. 일정기간 경과시점에서 결과에 초점을 두는 측정지표로 보통 선행지표로 인한 성과를 나타내는 결과지표이다.

3) 조직단위별 핵심 성과지표(KPI) 설정방향

핵심 성과지표(KPI)는 전사지표, 사업부 지표, 팀 지표, 개인지표로 구분할 수 있는데 전사지표를 할당(Cascading)하여 하부조직으로 내려오면서 전사지표를 하위 조직에서 할당받는다.

이때 전사에서 할당받은 전사지표와 사업부 등의 사업단위에서 전략과 관계없이 항상 관리해야 할 지표가 있을 수 있는데 이를 사업단위의 고유지표라고 하며 사업단위에서 관리할 수 있으나 전사로 점수가 올라가지는 못한다.

팀도 사업부 등의 사업단위에서 할당받은 지표와 팀에서 항상 관리해야 할 지표가 있을 수 있는데 이를 팀의 고유지표라고 하며 팀에서 관리할 수 있으나 사업단위 이상으로 점수가 올라가지는 못한다.

개인지표도 팀에서 할당받은 지표와 개인의 고유업무로 개인만의 지표를 관리할 수 있는데 이를 개인의 고유지표라고 하며 팀단위 이상으로 점수가 올라가지는 못한다.

⊃ 선행지표와 후행지표

구 분	선 행 지 표	후 행 지 표
사 례	– 고객 응대 시간 – 제안서 – 결근율	– 시장점유율 – 매출액 – 직원만족도
이 점	예측적인 성격이므로, 결과에 기초해 선행지표의 조정이 이루어진다	식별이나 확인하기가 쉽다
결 점	이전에없던 새로운 측정지표이므로 식별이나 확인이 어렵다.	성격상 사후지표이기 때문에 현재 진행하고 있는 업무를 반영하지 못한다. 예측력이 낮다
BSC는 성과지표에 선행지표와 후행지표가 적절하게 혼합되어 있어야 한다.		

이론편

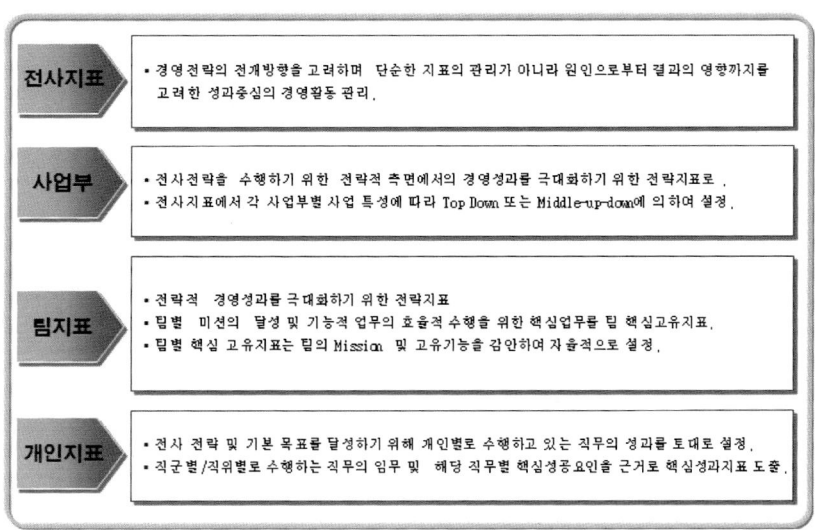

전사지표
- 경영전략의 전개방향을 고려하며 단순한 지표의 관리가 아니라 원인으로부터 결과의 영향까지를 고려한 성과중심의 경영활동 관리.

사업부
- 전사전략을 수행하기 위한 전략적 측면에서의 경영성과를 극대화하기 위한 전략지표로.
- 전사지표에서 각 사업부별 사업 특성에 따라 Top Down 또는 Middle-up-down에 의하여 설정.

팀지표
- 전략적 경영성과를 극대화하기 위한 전략지표
- 팀별 미션의 달성 및 기능적 업무의 효율적 수행을 위한 핵심업무를 팀 핵심고유지표.
- 팀별 핵심 고유지표는 팀의 Mission 및 고유기능을 감안하여 자율적으로 설정.

개인지표
- 전사 전략 및 기본 목표를 달성하기 위해 개인별로 수행하고 있는 직무의 성과를 토대로 설정.
- 직군별/직위별로 수행하는 직무의 임무 및 해당 직무별 핵심성공요인을 근거로 핵심성과지표 도출.

<조직 단위별 성과지표 설정방향>

4) 핵심성공요인(CSF), 핵심성과지표(KPI) 도출 방법론

BSC와 같은 성과관리 방법을 조직에 도입하여 적용하는 과정에서 가장 먼저 현실적으로 부딪히는 문제는 합리적이고 유효한 핵심성공요인(CSF)을 찾아내는 일이다. BSC의 효과성을 높이기 위해서는 성과평가 측정기준과 측정치가 타당해야 하고 구성원들로부터 수용될 수 있어야 한다는 점이다. 이를 위해 비전과 전략목표 분석을 토대로 한 핵심성공요인(CSF) 도출과 함께 구성원들의 수용도를 높이기 위해 직원들의 적극적 참여와 의사결정과정에의 합리적 반영 등을 확보할 필요가 있다.

이는 핵심성과지표(KPI)의 도출과정에도 해당된다. 상위지표와 일관성을 유지함과 동시에 직무 및 역할 분석을 토대로 타당성 있는 핵심성과지표(KPI)를 도출해야 함은 물론이고 조직(부서장, 팀장 포함)과 개인 간 적극적인 의사소통과 합리적 통합을 통해 지표 및 목표치가 확정되어야 한다.

대부분의 BSC 도입 조직에서 유효하고, 합리적인 핵심성과지표 (KPI)를 조직 구성원의 합의하에 도출하도록 명시적으로 규정하고 있지만, 실제로는 활용할 수 있는 방법의 부재로 어려움을 겪고 있는 경우가 많다. 이런 경우 비록 확정된 핵심성과지표(KPI)라고 하더라도 구성원들의 수용도가 낮아져 성과평가 결과와 그 결과의 활용에 대해 불만을 가지게 될 것이다.

따라서 BSC 등 성과관리 제도의 효과적인 도입과 운영을 위해서는 비전과 전략목표를 바탕으로 반영하고, 타당성과 수용성을 고려한 핵심성과지표(KPI) 및 목표치의 도출이 매우 중요하다. 이와 관련하여 최근 주목받고 있는 계층분석과정 또는 계층분석 방법 (AHP: Analytic Hierarchy Process) 활용이 도움이 된다.

여기에 조직의 핵심성공요인(CSF)을 접목시키면 효과적이며 실제적인 핵심성과지표(KPI) 도출방법으로 활용가능하다. 핵심성공요인(CSF)이 도출되면 이를 토대로 자연스럽게 핵심성과지표(KPI)를 도출하면 되기 때문이다.

(1) 핵심성과지표(KPI) 간의 가중치 및 우선순위 도출: AHP

각 지표 간의 우선순위와 비중은 개인이나 팀의 성과평가나 인

사고과에 연결되어 있을 때 상당히 민감한 사항이자 중요한 사항이다. 누구나 자신이 잘할 수 있는 관점이나 목표에 더 많은 배점을 두고 싶어 하고, 그렇지 않은 목표에는 더 낮은 배점을 두려고 하기 때문에, 합리적인 절차를 통한 지표 간의 비중을 설정하는 것은 평가결과에 대한 조직구성원의 수용과도 직접적으로 연결된다고 하겠다.

BSC는 지표 간의 인과관계에 대한 설명을 제시하고, 전체적인 핵심성과지표(KPI)의 분포를 보여 주지만, 각 지표 간의 우선순위나 비중을 결정하는 데는 아무런 방법론을 제시하지 못하고 있다. 따라서 AHP 기법과 같은 보완적인 방법을 통해서 이를 극복하는 것이 필요하다.

AHP는 의사결정의 계층구조를 구성하고 있는 요소 간의 쌍대비교를 통해 평가자의 지식, 경험 및 직관을 포착하는 의사결정방법론 중 하나이다. 즉 의사결정의 전 과정을 여러 단계로 나눈 후 이를 단계별로 분석 해결함으로써 최종적인 의사결정에 이르는 방법이라고 할 수 있다.

즉 AHP는 다수의 대안에 대하여 다면적인 평가기준과 다수 주체에 의한 의사결정을 위해 설계된 방법이다. 의사결정자의 직관적, 합리적 또는 비합리적 판단을 근거로 정량적인 요소와 정성적인 요소를 동시에 고려함으로써 의사결정문제의 해결을 위한 포괄적인 틀을 제공해 준다.

AHP의 간략한 과정은 다음과 같다. 우선 직면한 의사결정 문제를 구성하고 있는 모든 요소를 나열한다. 그 요소로는 의사결정의 목적, 대안, 그 대안을 평가할 수 있는 기준 등이 있다. 이러한 요소들을 계층의 형태로 만든다. 이후 그 계층을 구성하고 있는 요소들 간 1대1로 쌍대비교를 한다.

비교결과를 선형대수학의 고유 벡터법을 이용하여 요소들의 가중치를 구한다. 마지막으로 각 레벨에서 구한 요소들의 가중치를 상위레벨에서 하위레벨로 곱하게 되면 의사결정대안의 최종가중치가 구해진다. 이를 토대로 의사결정을 내리게 된다.

단순히 평가자의 직관이나 혹은 피평가자의 요청에 의해서 지표 간의 비중을 선정하는 것보다는 위에서 제시한 AHP 기법을 도입하여, 이를 통해서 비중을 선정하는 것이 피평가자의 수용성도 높이고, 실제로 각 지표들 간의 중요도에 알맞은 비중을 선정할 수 있을 것이다.

(2) 핵심성과지표(KPI) 도출

핵심성공요인(CSF)이 도출되면 이를 기초로 성과지표(KPI)를 도출하게 된다. 아래 그림에서 볼 수 있는 바와 같이 성과지표는 성과목표를 반영하는 수량화할 수 있는 측정지표를 말한다. 따라서 "고객에게 가장 신뢰받는 회사가 된다."와 같은 수량화할 수 없는 것은 성과지표가 될 수 없다. 앞에서 도출된 "e-commerce를 통한 서비스 제공을 확대함"이라는 성과목표에 대한 성과지표로 "서비스를 제공받은 고객 중 e-commerce를 이용한 고객의 비중" 또는 "고객이 e-commerce를 이용한 총 시간" 등을 생각할 수 있다.

또한 핵심성공요인(CSF)당 최소한 1개 이상의 성과지표(KPI)가 있어야 한다. 그러나 다시 한번 강조해야 할 점은 앞의 핵심성공요인(CSF)과 관련해서 이미 언급한 바와 같이, 핵심성과지표(KPI) 역시 극히 중요한 몇 개(Vital Few)로 한정하여야 한다는 점이다.

따라서 성과지표의 선정 시에도 성과목표의 도출에서 활용한 AHP 분석방법을 활용하면 매우 유용하다. 나아가 SMART(Specific, Measurable, Attainable, Realistic, Timely) 점검 등을 병행하면 좋은 성과지표의 도출에 도움이 된다.

(전략목표의 **SMART**와 약간 상이함)

구 분	내 용
Specific	구체적으로 전략과제 달성 여부를 나타낼 수 있어야 한다.
Measurable	획득가능한 데이터와 프로세스로 측정할 수 있어야 한다.
Attainable	달성 가능한 지표이어야 한다.
Result	결과물이 나올 수 있어야 한다.
Timely(Time – bound)	달성 기간이 명시되어야 한다.

(3) 핵심성과지표(KPI) 및 지표정의서 개발절차

(4) 핵심성공요인(CSF) 및 핵심성과지표(KPI) 개발 시 고려사항

가. 핵심성공요인은 다시 세분화된 목표 혹은 과제로 표현될 수 있으며 하나 혹은 그 이상의 계량화된 지표로 측정할 수 있어야 함.

나. 핵심성공요인은 명사+동명사로 구성하는 것을 원칙으로 하며 핵심성과 지표명은 측정단위를 반영하고 있어야 함.

다. 핵심성과지표는 결과로 나타나는 것이며, 행동 그 자체나 계획, 방법, 수단, 과정 등은 핵심성과지표의 이니셔티브에 해당되므로 지표정의서에 표시하도록 함.

라. 핵심성과지표 도출과 가중치는 허용 가능한 수치로 표현하며 공감대를 형성할 수 있도록 함.

마. 일관성을 유지하기 위하여 유사한 핵심성과지표가 복수관점으로 중복되지 않도록 함.

바. 사업부 또는 팀별 목표와 지표들 간에 레벨과 균형이 유지되도록 하며, 구체적이고 명확한 용어 사용.

(5) 핵심성과지표 개발 4단계

▶ 1단계: 성과지표 도출단계

성과지표는 기관(전사)적인 미션과 비전 등을 달성할 수 있도록 도출되어야 한다. 따라서 전사적인 전략목표로부터 성과지표를 도출하고 이를 조직하위에 할당하여 조직이 지향하는 방향으로 움직일 수 있으며, 부서 및 직원들이 무엇을 해야 하는지 명확하게 알려 줄 수 있다. 이러한 조건을 전제로 하여 아래와 같은 순서와

이론편

절차에 따라 성과지표를 도출하고 개발한다.

가. 조직의 미션과 가치비전을 정의하고 중장기적인 목표를 설정한다.

나. 조직의 전략목표를 수립, 설정하고 이를 체계화한다.
(이 과정에서 SWOT분석으로 외부환경과 내부환경을 파악 분석하여 과제를 도출하기도 함)

다. 전사 핵심성과지표(전략을 달성하기 위한 세부목표)들을 도출하고 각 관점별, 전략목표별, 성과목표별 가중치를 설정한다.

라. 도출된 전략목표들에 의한 전략 맵(체계도)을 작성한다. 전략 맵은 매우 중요한 역할을 하게 되며 시각적인 관계를 보여줌으로써 균형과 합리적인 검증이 가능해진다.

마. 전략목표의 달성 여부를 측정할 수 있는 성과지표를 도출한다. 성과지표 역시 가중치를 설정한다.

바. 도출된 전략목표와 핵심성과지표를 각 사업부, 팀 단위로 할당한다(Cascading).

▶ 2단계 성과목표 및 지표 할당

가. 성과목표와 성과지표를 각 실, 국/과에 할당하기 위하여 Moon Chart를 작성한다.

나. 각각의 성과지표가 Moon Chart에 나타난 가중치에 의하여 할당된 비중이 타당한지 검토하고, 협의 및 분석 등을 진행한다.(AHP방식을 활용하기도 한다)

다. Moon Chart에 의한 성과지표할당절차는 Feed back을 통하여 조정해 나가는 것이 좋으며 필요한 경우 전체 회의를 통하여 합의를 이루어 내기도 한다.

▶ 3단계 성과지표 개발

가. 성과지표의 개발은 전사(본부) 차원의 개발을 우선하며 각 사업부/과 별로 할당되도록 추진한다.

나. 1단계에 해당하는 성과지표 도출은 성과지표명까지를 설정하는 과정인 데 반해 성과지표 개발에서는 실제 지표정의서에 해당하는 각 항목들을 찾아내고 설정해 주는 단계.

다. 성과지표정의서를 구성하는 항목은 ① 성과지표 명, ② 측정방법(지표 산식), ③ 지표측정 단위, ④ 현재 값(당기), ⑤ 목표 값(Target - 당기, Y+1,Y+2, Y+3, Y+4) ⑥ 상한선(양호한 결과값 한계선), ⑦ 하한선(경고수준의 한계 선), ⑧ 전사 및 관점 내에서의 가중치, ⑨ 이니셔티브(Action Plan, 달성방법, 선, 후행 프로그램 등) ⑩ 선행지표 ⑪ 보고시기, 측정주기, 발전방향 등, ⑫ 관련 전략 목표, 성과목표, 세부설명 등을 정의해 준다.

라. 각 조직단위별로 할당된 성과지표를 같은 방식을 이용해서 성과를 측정, 평가할 수 있도록 성과지표를 개발한다.

마. 지표개발 과정은 실제로 쉽지 않은 과정이며 전문기술을 요하는 경우도 생길 수 있다. 필요하다면 전문컨설턴트의 도움을 받는 것도 좋은 방법이다.

▶ 4단계: 개인별 성과지표 할당 및 개발단계

가. 개발된 성과지표의 척도(Metrics)들을 추출할 수 있는 방법을 정의하고 각 지표의 측정값을 계산해 낸다.

나. 성과측정 시스템은 인과관계(원인과 결과)분석, 추이와 예측 분석 등 복잡하고 지속적인 문제를 해결하기 위하여 전문 S/W를 도입하여 시스템을 구축하는 것이 좋다.(규모가 작은 중소기업의 경우는 액셀시트를 활용해도 가능하다)

다. 전문 S/W를 구축하면 기존의 ERP 혹은 Legacy Data Base로 부터 측정에 해당되는 척도(Metrics)들을 자동으로 추출하여 계산할 수 있으며 체계적인 성과관리 체계와 보상 시스템을 구축할 수 있다.

■ 성과측정의 요소

가. 전통적으로 이루어져 왔던 성과측정에서의 주요소는 투입되는 재화를 최소화하는 경제성(Economy)과 투입물과 산출물 간의 관계를 나타내는 효율성(Efficiency), 산출물에 의한 기대목적의 달성도를 나타내는 효과성(Effectiveness) 등의 세 가지 요소를 말할 수 있다.

나. 세 가지는 먼저 효율성과 효과성의 개념을 포함하고 있는 일반적인 내용의 성과의 개념과 업무수행과정에서의 성과, 그리고 최근 주목받고 있는 결과 중심의 성과가 그것이다. 먼저 일반적인 내용의 성과의 개념에서는 효율성(Efficiency)과 효과성(Effectiveness)의 개념을 포괄하는 것으로 성과를 정의하고 있다. 이때 효율성은 "투입과 산출물 간의 비율"을 효과성은 "산출물이 외부에 대해 영향을 초래하여 의도한 목적을 달성하는 정도"를 말한다.

(6) 성과지표(KPI) 도출 시 체크 포인트

성과지표(KPI) 도출 시는
① 기존지표 수집
② 선진지표 수집/활용
③ 지표 Pool 형성의 단계로 진행하는데

가. 기존지표 수집단계에서는 BSC 구축 이전부터 관리해 오던
  지표가 있는지, 있다면 어떤 종류의 지표들인지, 활용은 가
  능한지 여부를 판단하고
나. 선진지표 수집/활용 단계에서는 우리와 유사한 기관이나 단
  체에서 벤치마킹을 하여 활용가능한 지표가 있는지, 있다면
  어떤 것들이 있으며, 활용이 가능한지 여부를 판단하고
다. 지표 Pool 형성 단계에서는 수집된 지표와 새로 작성된 지표를
  지표 POOL에 저장하고 필요 시에 활용하는 방법이 가장 좋은
  방법이다.

8. 이니셔티브

1) 이니셔티브란?

성과목표 달성과 향상을 위한 모든 방법과 수단을 총칭하는 말
로 성과목표달성을 위한 혁신전략이나, 성과향상을 위한 각종 프로
젝트 및 동기부여 방법 등을 의미한다.

이론편

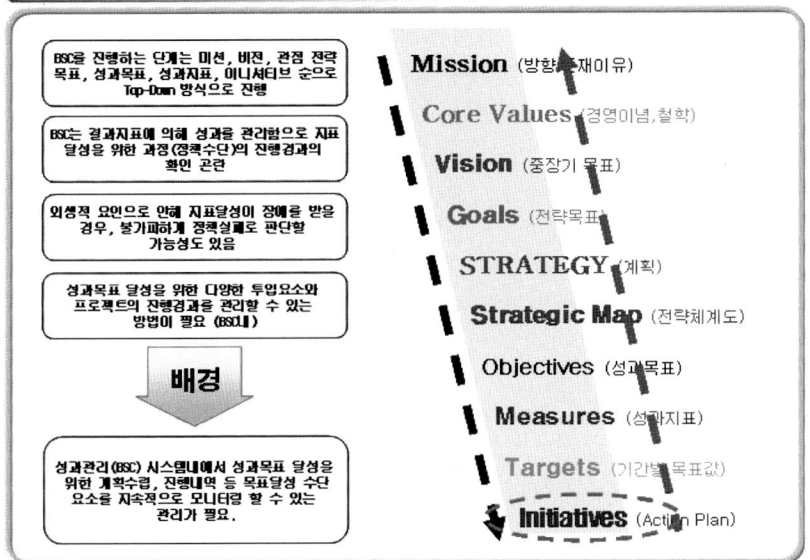

 내용:

이니셔티브

BSC을 진행하는 단계는 미션, 비전, 관점 전략 목표, 성과목표, 성과지표, 이니셔티브 순으로 Top-Down 방식으로 진행

BSC는 결과지표에 의해 성과를 관리함으로 지표 달성을 위한 과정(정책수단)의 진행경과의 확인 곤란

외생적 요인으로 인해 지표달성이 장애를 받을 경우, 불가피하게 정책실패로 판단할 가능성도 있음

성과목표 달성을 위한 다양한 투입요소와 프로젝트의 진행경과를 관리할 수 있는 방법이 필요 (BSCI)

배경

성과관리(BSC) 시스템내에서 성과목표 달성을 위한 계획수립, 진행내역 등 목표달성 수단 요소을 지속적으로 모니터링 할 수 있는 관리가 필요.

Mission (방향,존재이유)
Core Values (경영이념,철학)
Vision (중장기 목표)
Goals (전략목표)
STRATEGY (계획)
Strategic Map (전략체계도)
Objectives (성과목표)
Measures (성과지표)
Targets (기간별 목표값)
Initiatives (Action Plan)

<이니셔티브>

가. 성과지표의 측정주기가 반기 또는 연단위로 설정되어 결과 값을 확보하기까지 추진상항이 정상적으로 이루어지고 있는 지 판단하기가 곤란하다.

나. 성과목표 달성을 위하여 부서별로 수행되는 단위업무가 성 과 또는 전략목표달성 간에 명확한 인과관계를 객관적으로 검증하기가 곤란하여 성과달성 정도를 모두 반영하지 못할 경우를 보완하기 위한 관리수단으로

다. 투입성과와 연결되지 못한 경우를 보완하기 위한 관리

라. 외생변수로 인한 성과측정의 불완전성을 보완하기 위한 관리

마. 성과지표 달성 정도에 대한 보조요소로 진척도, 수행 여부 등을 관리

바. 조직 내에서 순수 성과지표 결과값만으로 모든 업무의 성과를 평가할 경우에 기획부서에 불이익이 발생할 우려가 있음으로 이를 방지하기 위하여 이니셔티브를 활용한다.

2) 이니셔티브의 관리

어떤 일을 먼저 할까? 어떤 일이 효과가 있을까? 지표 값이 낮은 것과 이니셔티브는 관련이 있을까? 이니셔티브를 100% 수행했는데 결과가 향상되니 않는 이유는? 어떤 일이 전체 또는 부분적으로 영향을 미칠까? 등을 고려하면서 이니셔티브 관리 기본원칙을 지키면서 효과적으로 관리해야 한다.

3) 이니셔티브의 작성방법

가. 개발된 성과지표로 작성하되 성과지표 향상을 위한 정책은 없으나 향후 추진 계획이 있는 부분은 반드시 포함하여 전략목표/성과목표와 인과관계가 있는 지표중심으로 목표별 2－3개만 작성한다.

나. 성과지표가 구성하는 2－3개의 중요요소에 의해 크게 영향을 받거나, 전체적인 성과와 함께 개별요소의 성과를 파악할 요소가 있는 경우에는 이니셔티브와 함께 별도 표기한다.

다. 지표 산식이 이질적인 항목의 결합으로 구성되었을 때에는 분리하여 이니셔티브를 작성한다.

라. 이니셔티브 관리의 핵심은 최초 계획수립 시 계획일정을 표시하고
실시하면서 실적을 같이 기록하면서 관리하는 것이 효과적이다.

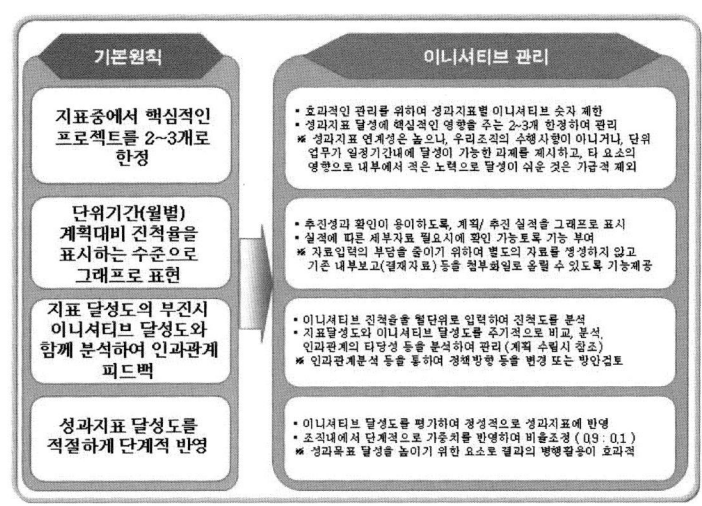

<이니셔티브 관리>

➲ 이니셔티브 작성방법

본 부		부 서 명	고객지원팀
전략목표명	고객만족도 제고	성과목표명	고객만족도 제고
성과지표명	고객만족도 지수	이니셔티브명	C/S시스템 운명

구분			8월 3주	8월 4주	9월 1주	9월 2주	9월 3주	9월 4주	10월 1주	예 산	담당자
C/S시스템 운명	업무프로세스 설계	계획	➡							9,900천원	홍길동
		실적	➡								
	모니터링 지표 및 시나리오 개발	계획	➡	➡							
		실적	➡	➡							
	상담원 교육 (1차:소양,2차:직무교육)	계획			➡						
		실적			➡						
	시범운명	계획						➡			
		실적						➡			
	본격 가동 (정보시스템 포함)	계획							➡		
		실적							➡		

9. 캐스케이딩

캐스케이딩이란 전사 전략을 조직 전체에 할당하는 것을 의미하는데. 조직의 전략을 바탕으로 각 사업부별 전략이 만들어지고 성과목표, 지표들이 여기에서 도출이 된다.

마찬가지로 팀이나 그 외 하부조직의 경우에도 상위부서에서 만들어진 전략을 기준으로 캐스케이딩하여 최종적으로 개인 지표에까지 도달하게 됩니다. 즉 전사적 전략을 개인에게까지 할당하는 것을 캐스케이딩이라고 한다.

전사 전략과제는 BSC시스템에서 하위 조직(또는 개인)으로 Cascading을 통해 모든 조직단위의 전략목표와 연계되도록 하여 부서(또는 개인)의 역량이 기업이나 조직의 전략 실행에 일관되게 집중될 수 있도록 설계해야 한다.

10. 지표정의서 작성

1) 지표정의서

지표정의서는 아래의 원칙에 따라 작성하고, 관리되어야 한다.

가. 객관성: 판단 기준에 따라 다양한 의미로 해석 가능한 단어를 사용하지 않는다(예: 추상적, 모호한, 주관성을 포함한 단어).

이론편

나. 대표성: 지표명은 2~3개 이하의 단어를 사용하여 지표가 갖는 속성을 표현해야 한다(예: 지표산식을 구성하는 인자들의 나열은 피한다).

다. 지속성: 지표는 일반적으로 장기간(1년 이상) 사용되므로, 쉽게 의미가 변하는 단어는 가급적 사용하지 않는다.

라. 이해도: 지표는 일반적으로 직원들에 의해 보편적으로 이해될 수 있어야 한다.

마. 독특성: 당해 지표가 여타의 지표에서 제공되는 성과정보를 중복적으로 제시하지 않고, 여타 지표에 의해 제시되지 않는 성과의 특수한 측면을 제시할 수 있어야 한다.

바. 동기부여: 지표명은 조직원들이 항상 접하는 단어이므로, 부정적인 의미의 단어를 가급적 사용하지 않는다.

2) 지표정의서 작성방법

◆ 부서명: 사업부의 경우 사업부 명칭을 기록한다.
◆ 핵심 성과지표(KPI): 핵심 성공요인(CSF)의 달성 여부 측정을 위한 핵심성과 지표(KPI)
◆ 핵심 성공요인(CSF): 전략목표를 달성하기 위한 핵심 요인
◆ 관점: BSC의 기본적 관점(재무, 고객, 내부프로세스, 학습과 성장)
◆ 전략목표: 비전을 달성하기 위한 전략적 의미의 목표
◆ 지표산식: 지표를 측정하는 산식을 세부적으로 기재하되, 구성요소의 명칭을 명확하게 기술

- 목표:
    - 목표 값: 해당년도의 목표 값을 기재하고 목표 값은 프로세스의 혁신이나 업무 재설계를 통해 최대의 노력으로 달성할 수 있는 값
    - 기준선: 목표 값과 하한선의 중간 값
    - 하한선: 과거 3년의 추세선에서 전년도 실적 값
    - Y+1 목표: 1년 후의 전망 값
    - Y+2 목표: 2년 후의 전망 값
    - Y+3 목표: 3년 후의 전망 값
- 주기별 목표: '측정주기'와 '목표 값'에 따른 '월, 분기, 반기, 년' 목표치 과거 실적
    - Y-1 실적: 1년 전의 실적 값
    - Y-2 실적: 2년 전의 실적 값
    - Y-3 실적: 3년 전의 실적 값
- ETL값: 전산시스템에 연결되는 해당지표의 고유번호
- 측정주기: 월/분기/반기/년 중에서 선택
- 계량/비계량: 계량지표/비계량 지표의 구분
- 측정단위: 지표의 측정단위를 기재(%, 금액(원, $), 점수, 시간 등)
- 지표구분: 전사지표, 공통지표, 고유지표를 구분하여 표시한다.
- 선행지표: 해당지표(목표 값)에 영향을 미치는 원인지표
- 후행지표: 해당지표로부터 영향을 받는 결과지표
- 이니셔티브: 성과를 도출하기 위한 Action Plan(실천 계획)
- Date Source: 데이터를 확보할 수 있는 장표 및 문서, 관련 DBMS/DW 데이터

- ◆ 목표갱신주기: 목표갱신주기를 기록
- ◆ 가중치: 전사/팀에서 해당지표가 얼마나 중요한지 보여 주는 항목
- ◆ 평가기준 및 세부설명(반드시 아래의 3개 항은 반드시 명시해야 한다)
    - − 지표산식에 대한 상세설명
    - − 당기 목표 값, 기준선, 하한선 설정 이유 기재
    - − 향후 전망: 매년 목표치의 전망

⊃ 지표정의서

부서명				작성일자				
핵심성과지표 (KPI)				관 점				
핵심성공요인 (CSF)				전략목표				
지표산식								
목표	하한선		기준선		목표값	Y+1 목표	Y+2 목표	Y+3 목표
주기별 목표								
과거실적 평가기준 세부설명	1	2	3	4	5	6	7	8	9	10	11	12
	Y−1 실적		Y−2 실적		Y−3 실적		ETL Key 값		측정주기	
									계량/비계량	계량	비계량

	측정단위	
1. 지표의 상세설명:	지표구분	전사	공통	고유
	선행지표	
2. 산식의 상세설명:	후행지표	
	이니셔티브	
3. 목표산출근거의 상세설명:	Dat Souroe	
	목표갱신주기	
	가 중 치	

3) 계량지표와 비계량지표

BSC는 원칙적으로 계량지표만으로 평가하도록 설계되어 있는데 현장에서는 비계량 항목도 많이 취급된다. 되도록이면 계량항목으로 취급될 수 있도록 지표를 설정하고 선정하는 것이 필요하다.

계량지표만으로 평가의 한계가 있다면 그 한계를 극복하기 위하여 비계량 항목도 평가가 가능하도록 하여야 한다.

비계량 항목을 평가하기 위해서는 명확한 기준을 정하고 그 기준에 따라 평가하고 평가의 오류를 방지하기 위하여 평가위원회 등을 구성하여 객관성과 공정성을 확보하여 운영하는 것이 중요하다.

➲ 비계량 지표의 측정사례

1. 완성도 평가

평가기준	배점
직무활동의 내용이 모든 상황을 면밀히 분석하여 최고의 실행방안을 설정하여 성과를 얻고 있다	100점
직무활동의 내용이 보통 수준의 자료분석 결과 실행으로 평균 정도의 성과를 얻고 있다	80점
직무활동의 내용이 수준 이하의 분석과 실행으로 성과의 결과가 부실하다	60점

2. 준수성 평가

평가기준	배점
목표수행일 까지 기간을 준수하여 완료하였을 경우	100점
목표수행일 이후 1주일 이내 수행이 완료하였을 경우	80점
목표 수행일 이후 1주일 보다 늦게 완료하였을 경우	60점

3. 효과성 평가

평가기준	배점
조직의 전반적인 경영혁신과 이익에 기여한다	100점
팀 차원의 업무활동에 기여하고 한다	80점
팀의 성과평가에 도움이 되지 않는다	60점

※ 완성도 평가, 준수성 평가, 효과성 평가를 합한 후 조직의 상황에 따라 가중치를 부여하여 중요도, 난이도 등을 고려하여 활용할 수 있다. 자료출서 : 알기 쉬운 BSC / KOMIT

제 4 장

성과와 보상체계

제4장

:: 성과와 보상체계

1. BSC(Balanced Scorecard)에 의한 전략적 성과평가

1) BSC의 장점 및 시사점

가. 장 점

- 전사의 비전과 중점 전략을 산하 조직 단위에 체계적으로 Break – Down시켜 비전과 전략 수행을 위한 역량의 집중이 가능하다.
- 균형 잡힌 경영이 가능해지고 경영위기의 극복이나 산업 내 경쟁 우위의 확보 가능성이 더 높아진다.

비전과 전략을 단위 조직 및 개개인이 이해하기 쉽게 전달하는 수단으로 활용할 수 있으며, 이러한 비전과 전략이 체계적으로 수행되는가에 대한 점검 및 관리가 용이하다.

비전과 전략을 가장 효율적으로 추진할 수 있는 시나리오 경영이 가능하고 상위목표에 대한 기여도 정도에 따른 평가 및 보상기준을 명확하게 할 수 있다.

나. 시사점

- 기존의 단기적인 재무적 기존의 평가 시스템은 종업원을 통제하는 데 주력했지만 BSC는 통제가 아닌 조직의 전략과 비전 달성에 중점을 두고 있다. 즉 조직의 비전과 경영목표 달성을 위해 종업원들이 어떻게 기여할 것인가를 구체화하는 데 주력한다.
- 단기성과에 주로 비중을 두어 왔던 국내 기업들에게 비재무적 성과 측정과 장기적인 성장역량 측정도 가능하다는 새로운 Tool과 시각을 제공해 준다.

2) BSC와 평가의 실제

가. BSC 평가 전략

- BSC 평가 본연의 목적은 평가나 보상 그 자체가 아니라 기업의 경영활동이 전략을 달성할 수 있는 방향으로 움직이는지에 대한 실행의 검증에 있다.
- 일반적으로 BSC 평가는 초기에는 전략 실행 모니터링에만 활용하고 성과 평가 및 보상과는 직접적으로 연결하지 않는다.

- 그러므로 BSC구축 초기에는 BSC의 전략적 목적 및 BSC 자체의 조직 내 확산에 평가의 초점을 맞추어야 한다.

나. BSC 평가의 적용

- 처음에는 기존 평가 방식과 BSC평가 방식을 병행하다가, 기존의 조직 및 개인 평가지표를 차츰 BSC평가 지표로 대치해 나간다.
- 평가 주기 및 횟수, 평가 결과 공개 범위, 피드백 방법은 조직이 처한 상황에 따라 적절하게 협의 조정한다.
- 평가 피드백은 업무의 잘잘못을 가리거나 목표와 실적의 차이를 보여 주는 차원보다 평가 결과에 대한 원인 분석을 통해 전략이나 사업계획의 조정 등에 활용하는 데 초점을 맞춰야 한다.

다. 조직 단위의 BSC 평가 대상 핵심 성과지표가 완성되면 조직 혹은 사업부 단위로 전략 목표와 성과목표를 실행에 옮길 전략 실행 계획을 수립하게 되는데, 이 실행 계획이 조직 단위의 평가대상이 되며 평가 결과는 KPI로 나타나게 된다.

라. 조직 평가와 개인평가 - BSC 도입 초기에는 사업부나 팀의 업적 평가를 BSC로 대체해 나가게 되므로 사업부장들과 팀장들은 BSC에 의한 평가를 받게 되고 이에 따른 성과급이 지급되는 것이 일반적이다. - 나머지 팀원들은 업적과 역량을 병행 평가하되 초기에는 업적부분을 조직의 업적 평가로 대체하여 성과급을 지급하거나 조직의 업적 평가를 일정 비

율을 반영하는 방법이 있다.

마. 전사 및 사업부별 KPI에 대한 점검은 집계가 가능한 기간을 단위로 CEO, 임원 및 핵심간부가 참석한 회의에서 달성결과를 보고하여 목표수준과 실적 간의 차이를 분석하여 대책을 토의하고 실행계획(Action Plan)을 결정해야 한다.

바. 사업부 단위로 팀의 KPI 진척결과에 대해 서로 위와 같은 방식의 점검이 이루어진다.

사. 개인별 KPI 평가는 반기 및 연간 단위로 이루어지며 평가의 등급화는 임원, 팀장, 일반간부, 사원 등 각 직책별로 그룹핑하여 동일 직급 또는 직책 내에서 이루어지고, 달성율과 가중치를 감안하여 점수화하고 이를 등급으로 표시한다.

자. 등급의 결정은 대기업에서는 상대평가가 보편적이나 중소기업의 경우 평가대상의 숫자가 적으며 또한 상대평가에 따른 강제배분 시 사업부 간 차이, 팀 간의 차이를 반영할 수 없기 때문에 절대평가를 권장한다.

절대평가가 합리적이고 공정성이 확보되기 위해서는 목표의 배분, 가중치의 설정, 정성적 목표의 평가 등에 있어 평가자와 피평가자 간의 커뮤니케이션이 이루어져야 하며 특히 평가자의 선입견, 편견, 관대화 경향, 정실(情實), 적당주의 등이 철저히 배제되어야 한다.

회사 경영전략에 의거 전사 목표에서부터 개인목표에 이르는 평가구조는 다음 그림과 같으며 평가결과에 따라 보상시스템 운영

모델은 다음 그림과 같다.

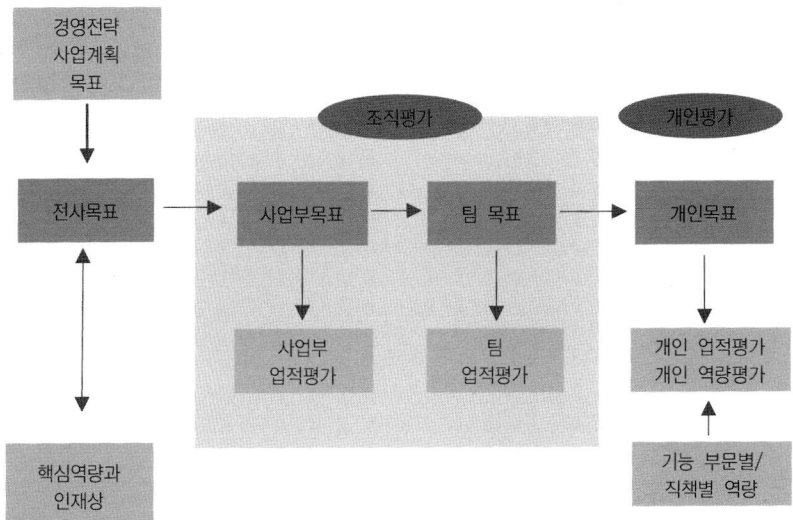

<평가시스템의 기본구조>

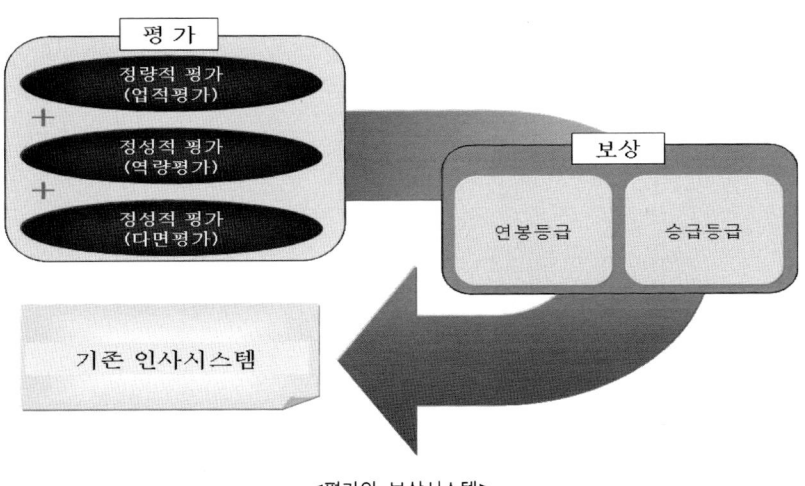

<평가와 보상시스템>

BSC에 의한 전략전개 및 핵심성과지표(KPI) 도출 사례를 소개하면 다음 표와 같다.

<영업팀의 지표체계 사례>

관점	전략목표	핵심성공요인	핵심성과지표
재무관점	매출목표 달성	매출증대	매출목표달성율
			수주성공율
			신제품매출액비율
	수익성 향상	수익성 제고	경상이익율
			총자산순이익율
고객관점	시장점유율 확대	신규우량고객확보	신규고객매출액비율
	고객만족 극대화	고객만족도 향상	고객만족도(CSI)
			고객Needs와 직결된 과제 수행건수
프로세스관점	원가절감	매출채권 조기 회수	매출채권회수기간
학습/성장 관점	직원역량강화	역량강화	교육이수율
	참여의식 증대	자발적인 참여	제안참여율
	업무매뉴얼 정비	업무매뉴얼 구축	업무매뉴얼 구축도

2. 역량평가

1) 역량(Competency)이란?

오늘날처럼 경쟁이 치열한 비즈니스 세계에서 생존하기 위해서는 최첨단의 기술력, 우수한 상품, 계속적인 자본의 유입, 혁신적인 경영 기법 등이 필요하다. 하지만 시장에서 경쟁우위를 확보하는 데 있어서 결정적인 요소는 이러한 기술력, 상품, 자본의 유입,

경영 혁신 기법의 효용성을 극대화하는 조직 구성원의 능력이다. 다시 말하면 한 기업의 경쟁력은 여러 중요 요소들을 활용하는 조직구성원의 능력에 의해서 좌우된다. 이러한 능력을 역량 또는 인적 핵심 역량이라 말한다.

더 정확하게 정의하자면 역량이란 조직 내에서 지속적이고 안정적으로 높은 성과를 올리는 사람들이 가지는 공통의 행동 양식과 발휘능력을 말한다. 또는 업무, 과업과 연관된 지식, 기능, 기술 및 조직의 성과에 중대한 영향을 미치는 행동 등을 말한다. 역량의 예를 들면 전략의 입안 능력, 전략 실행 능력, 고객 지향성, 문제 해결 능력 등을 들 수 있다.

(1) 역량(Competency)의 구분

'역량'이란 앞에서 언급한 것처럼 기업의 비전이나 전략목표를 달성하기 위해 필요한 조직 구성원들이 갖추어야 할 능력을 말한다. 그리고 역량은 일반적으로 '핵심 역량', '리더십 역량', '기능역량'으로 구분한다.

'핵심 역량'은 전략이나 비전을 달성하는 데 "직위, 직급에 상관없이 모두" 갖추어야 할 조직 구성원의 공통적 역량을 말하고, '리더십 역량'은 조직의 간부나 팀장, 경영진들이 별도로 갖추어야 할 역량을 말한다. 그리고 각 기능부서 별로 필요한 역량을 '기능 역량'이라고 말한다. 다음 그림은 국내 모 에너지 회사의 역량 모델을 예시한 것이다.

＜역량평가항목 사례＞

구 분	역 량
공통(핵심)역량	1. 전문지식 개발 2. 고객 마인드 3. 업무 성실성 4. 팀워크 형성 5. 변화 수용성
리더십 역량	1. 계획 수립 2. 부하 육성 3. 목표 제시 4. 문제 해결 5. 업무 추진
기능 역량	1. 업무 관리 2. 손익 마인드 3. 전략 기획 4. 자기 개발 5. 정보 수집 및 분석

(2) 핵심 역량의 정의

핵심 역량이란 용어나 개념에 대해서는 좀 더 확실하게 해 놓을 필요가 있는데 어느 기업이 경쟁자와는 차별적으로 보유하고 있는 독특한 자원과 능력을 보유하고 있다면 이것을 '차별 역량'이라고 부르며, 이 '차별 역량'이 경쟁우위 획득에 핵심적 역할을 담당할 때 '핵심 역량'이라고 부른다.

기업의 경쟁력은 최종 제품의 품질이나 가격이 아니라 이 '핵심 역량'에서 나온다. 혼다는 오토바이 사업으로 출발하였지만 오토바이 소형엔진 제조 기술을 소형자동차, 펌프 등 엔진이 중요한 부가가치요소로 작용하는 사업 분야로 확장함으로써 계속적인 성공을 거둘 수 있었다.

핵심 역량은 성과달성에 결정적인 역할을 하는(또는 비교우위가 있는) 개인과 조직의 독자적 역량이다. 예를 들면 자동차회사의 신제품 개발능력이나 보험회사의 영업력 또는 고객서비스 등을 말한다.

▶ 핵심 역량의 구조: 핵심 역량은 수많은 역량요소들 가운데 성과 도출 및 향상에 결정적인 기여를 하는 역량이라고 할 수 있다.

2) 유사개념의 정리

가. 능력(Ability): 상이한 과업의 특정 영역을 수행할 수 있는 비교적 오랫동안 지속되는 개인의 일반적 가능성의 특질

나. 역량(Competency): 성과를 실현하는 데 필수적인 발휘능력이며, 행동을 동반한 겉으로 드러나는 능력

다. 지식(Knowledge): 어떤 특정 분야에 대한 분명하면서도 관련이 있는 독창적 사실과 정보 및 원칙의 집합으로 정의할 수 있으며 공식적 교육훈련과 특정한 경험의 축적을 통해 획득됨

라. 스킬(Skill): 학습이나 훈련의 결과로서 보다 조건부적이고 개선가능성이 높음

3) 역량(Competency) 평가

(1) 역량(Competency)의 구성 요소

역량(Competency)은 일반적으로 크게 지식(Knowledge), 기술(Skill), 태도(Attitude)의 세 가지 영역으로 구성된다. 어떤 학자는 이 세 가

지 특질에 동기(Motives), 자기 개념(Self concept)을 추가하기도 한다.

그러나 역량은 뛰어난 성과로 발휘되는 행동 능력에 한정되는 것이므로, 모든 지식(Knowledge), 기술(Skill), 태도(Attitude)가 역량 안에 포함되는 것은 아니다. 요컨대 성공적인 업무수행 과정에서 적용되는 지식, 기술, 관찰 가능한 태도만이 역량인 것이다. 이를 그림으로 표시하면 아래와 같다.

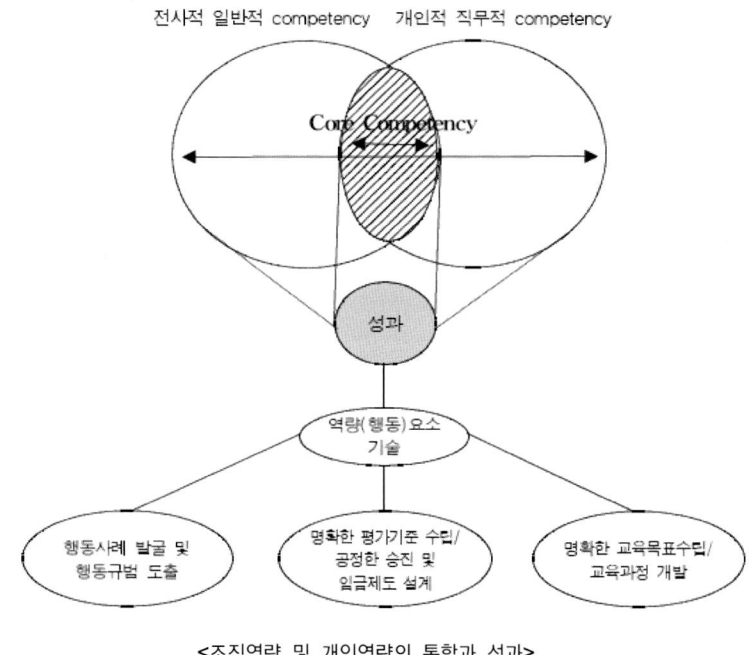

<조직역량 및 개인역량의 통합과 성과>

(2) 조직역량과 직무역량(스패로우(Sparrow, 1996)의 역량 구분)

역량을 조직역량(핵심 역량), 관리역량, 개인역량(직무 역량)으로 구분하고 이러한 역량은 서로 관련되어 있으며 중첩되어 있다고 본다.

조직역량은 모든 종업원들이 공유해야 하는 역량이며, 관리역량은 개인직무가 아니라 다른 기업에서도 활용될 수 있는 역량이며, 개인역량은 개인의 직무수행과 관련된 역량을 의미한다.

<Core Competency의 구조와 분류>

대분류	중분류	소분류
관리역량	임원역할	전략설정능력 / 비전수립 및 제시능력 / 의사결정능력 / 환경대응변화주도 능력
	관리자역량	조직화능력 / 팀워크능력 / 부하육성능력 / 조정능력 / 진도관리능력
	팀원역량	정보활용력 / 의사소통능력 / 고객지향성
역할역량	기본역량	적극성 / 책임감 / 창의력
	차별화 역량	직급별 / 계층별 종적역량 체계
직무역량	기본역량	기획력 / 분석력 / 문제해결력 / 업무지식
	특수역량	직군별 · 직무별 횡적구분 / 숙련도별 종적구분

(3) 조직역량 및 개인역량의 통합과 성과

조직역량과 개인역량은 서로 다른 영역에 속하기는 하지만 일정한 중복 지점을 가지고 있다. 따라서 직무역량과 조직역량을 각각 개발하고 강화하는 작업이 중요한 동시에 조직역량에 연계된 직무역량을 강화하는 것이 전략적으로 매우 중요하다고 할 수 있다.

역량에 기초한 인적자원관리를 도입하는 기업들이 직무나 직군 공통의 역량을 파악하는 동시에 전략적으로 필요한 조직역량 차원을 설정하여 양자를 통합한 역량모델을 구축하여 활용하는 것은 바로 그러한 이유에서이다. 그리고 그러한 역량모델을 활용해 인적자원관리를 실시하는 것이 역량중심의 인적자원관리라고 한다.

(4) 역량 평가의 의미

역량 평가는 개인이 조직에 기여하는 뛰어난 성과를 올리기 위하여 행동으로 발휘되는 능력을 평가하는 시스템이다. 뛰어난 성과를 올리기 위해서는 합리적인 업무목표나 과제를 올바른 방법으로 해결하고 수행하는 것이 요구된다.

(5) 역량 평가의 기대효과

역량 평가를 실시함으로써 기존의 평가와는 다른, 다음과 같이 조직 차원 및 평가자, 피평가자 측면의 기대효과를 가져올 수 있다.

① 조직 측면
- 비전과 사업전략을 강화시킨다.
- 우수 인재가 양성되고, 직무 만족도가 향상되며, 목표 수립이 명확하게 된다.
- 핵심전략을 어떻게 전달하고 실행해야 하는지에 관한 표준화된 경력수준(Career level)을 제공한다.
- 핵심 역량 축적을 통한 지식 경영이 가능해진다.

② 평가자 측면
- 채용, 선발의 평가기준을 제시해 준다.
- 피평가자와의 성과 개발 면담 시 명확한 근거를 제시해 준다.

③ 피평가자 측면
- 본인의 역할을 성공적으로 수행하기 위한 기준을 제시한다.

이론편

- 본인의 장단점에 대한 객관적 평가와 보완이 가능해진다.
- 평가자와의 면담 시 명백한 근거를 가지고 임할 수 있다.

4) 역량 평가 Tool

역량 평가에는 일반적으로 직무역량 진단 카드를 활용하게 되는데 여기에 여러 가지 평정 척도법을 함께 사용하면 효과적이다.

(1) 역량 평정 척도법: 전형적인 평정 척도법을 활용하여 평가할 항목의 내용을 핵심적인 행위사례를 기준으로 구성하여 피평가자의 역량 수준을 평가한다.

전통적인 행위기준 척도법을 활용하여 직무와 직접적으로 관련이 있는 역량을 평가항목으로 선정하여 평가한다.

(2) 행위 관찰 척도법: 행위 관찰 척도(Behavior Observation Scales)는 행위기준 평정 척도의 장점을 강화하고 단점을 보완한 행위기준 유형의 평가 방법이다. 행위 관찰 척도는 직무 성과와 관련된 행위서술문으로 이루어져 있다.

3. 평가시스템의 설계원칙

평가시스템은 아래의 4가지 항목을 기준으로 설계함을 원칙으로 한다.

가. 전략·목표·프로세스 점검 및 조정

전략·목표·프로세스를 점검하고 개선하는 데 공헌하는가?

나. 팀·개인 간 협동 및 공동노력의 제고

팀·개인 간 협동 및 공동노력으로 조직 목표달성에 공헌하는가?

다. 성과주의에 입각한 동기부여

공정하고 객관적인 평가를 통해 건전한 경쟁을 유발하고 근로
의욕을 고취시키는가?

라. 핵심 역량의 축적

조직의 강약점을 파악하여 핵심 역량(인적자원과 경영능력)을
강화하는가?

4. 평가시스템의 성공 요건

다음은 평가시스템이 성공하기 위한 요건들은 아래와 같다.

가. 기업 전략(경영 목표)과 연계되어야 하며 구성원의 의식 수준
이나 능력에 맞는 평가시스템이 되어야 한다.
나. 지나친 성과주의의 폐해를 방지하기 위하여 개인과 팀의 조
화를 모색해야 한다.
다. 평가의 관점을 과거와 현재/미래, 원인과 결과, 재무적 요인
과 비재무적 요인, 단기적 결과와 장기적 성장 역량 등의 사

이에 균형 있게 설정하여 평가할 수 있도록 BSC를 활용한다.

라. 직속 상사의 권한을 분산시키기 위하여 다면 평가 제도를 활용한다. 상사 평가뿐 아니라 본인, 동료, 부하, 외부고객으로부터 평가를 통해 객관성을 확보한다.

마. 급격한 환경 변화에의 대응력을 높이기 위하여 역량 평가를 보완적으로 실시한다.

역량이란 지속적이고 안정적으로 높은 성과를 올리는 사람들이 가진 공통의 행동양식과 발휘능력을 말하는 것으로, 성과는 환경에 영향을 많이 받기 때문에 환경 변화에 잘 대응하는 사람이 필요한 역량을 갖춘 사람으로 인정할 수 있다.

바. 평가시스템의 완성도보다는 관련자들의 상호 신뢰감이 형성되어야 한다.

사. 평가 실행 과정에 대한 적극적인 지원이 있어야 한다. 피평가자들에게는 평가시스템의 기본 원칙과 실행방법에 대해서 지속적으로 교육을 실시하고, 평가자들에게는 평가 실행 과정에서 주로 범하기 쉬운 오류에 대한 교육이 이루어져야 한다.

아. 경영전략이나 조직 구조가 변화할 때에는 이에 따라 평가 내용이 지속적으로 수정·보완되어야 하고, 평가의 공정성을 확보하기 위한 평가방식의 개선이 지속적으로 이루어져야 한다.

자. 비계량지표의 평가

비계량지표의 평가는 완성도, 준수성, 효과성 위주로 평가함이 합리적이다.

차. 지원부서의 평가

전략적 성과관리의 최종목적은 기업의 비전을 달성하는 데 있

음으로 전방부서(영업부, 생산부)를 지원하는 데 중점을 두어
조직의 역량이 시스템적으로 집중되도록 하여야 한다. 전방

구 분	등급	평가기준	달성도
1.완성도 등급	1등급	최고의 실행방안으로 최고의 결과	100%
	2등급	보통의 실행방안으로 보통의 결과	85%
	3등급	수준이하의 실행방안으로 결과부실	70%
2.준수성 등급	1등급	목표일까지 수행완료	100%
	2등급	목표일 이후 1주일 이내 수행완료	85%
	3등급	목표일 보다 1주일 늦게 수행완료	70%
3.효과성 등급	1등급	회사의 경영혁신에 기여	100%
	2등급	팀 차원의 활동에 기여	85%
	3등급	팀 차원의 활동에 기여치 못함	70%

<비계량지표의 평가>

조직의 비전달성

영업부
영업부의 실적

생산부
생산부의 실적

지원부서
자신의 실적
+
영업부 실적
+
생산부 실적

<지원부서의 평가>

이론편

부서의 사기를 올리고 실적을 향상시키기 위해서는 전방부서의 실적과 지원부서의 실적을 일정 비율로 반영하여 지원부서가 전방 부서의 영향을 받도록 설계해야 전사적 지원이 자연스럽게 이루어질 수 있다.

5. 평가의 오류

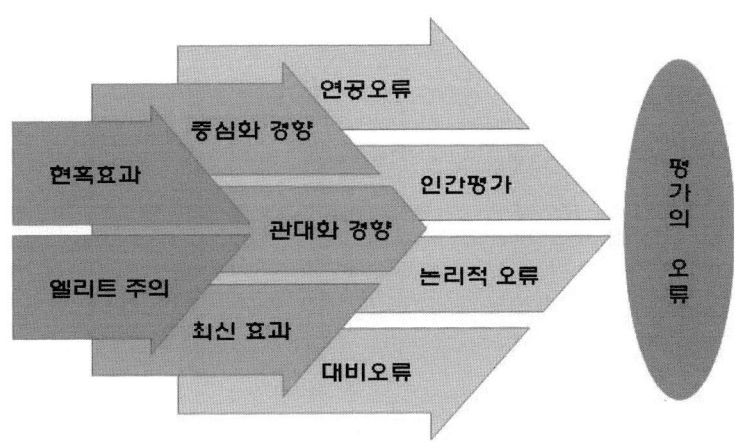

다음은 평가상 나타날 수 있는 오류들이다. 평가자는 이러한 오류를 범하지 않고, 평가의 신뢰성과 타당성, 수용성을 높이도록 노력하여야 한다.

① 현혹 효과

어느 한 분야가 뛰어나면 나머지 분야의 점수도 후하게 주는 것을 말한다.

그러나 이런 평가자의 사고는 이미 균형 감각을 잃은 것이다. 현혹 효과는 피평가자에 대한 선입견을 버리고, 분석적 평가를 하며, 사실에 입각하여 평가함으로써 이를 예방할 수 있다.

② 엘리트주의

능력주의란 능력에 상응하는 기회와 보상을 부여하는 것이지, 몇몇 엘리트만을 특별 우대하고 나머지는 소외시키는 엘리트주의와는 다르다.

③ 중심화 경향

평가 점수가 중앙에 집중되어 우열의 차이가 없는 경향을 말한다. 이를 예방하기 위해서는 평가자에 대해 성과평가의 구조, 평가요소, 평가 방법을 명확히 이해시켜야 하고 분포를 제한해야 한다.

④ 관대화 경향

승진, 인간관계, 조직 분위기 등에 의해 대부분이 피평가자를 좋게 평가하는 것이다. 이를 예방하기 위해서는 구체적인 사실에 입각해서 평가를 해야 하고, 평가 요소에 따라 평가해야 하며, 절대평가를 하고, 사적인 감정을 버려야 한다.

⑤ 최신 효과

과거의 업적보다는 최근의 업적을 더 중시한다. 이런 경우, 연중 Performance Diary를 활용함으로써 오류를 방지할 수 있다.

⑥ 연공오류

피평가자의 현 직급과 급여 수준에 준해서 평가를 비슷하게 맞추려는 경향이다. 그러나 이것은 당사자의 능력을 정확히 판단하는 데 장애가 되는 요인이라 할 수 있다.

6. 평가결과와 보상의 연계

평가의 결과가 보상으로 합리적이며 공정하게 연계되고 승진, 승급 시에 적절하게 반영됨으로써 본연의 성과관리 시스템이 성공적이고 유기적으로 작동하게 된다.

(1) 연봉제

가. 연봉제는 개별 종업원의 업적, 능력 등을 평가하여 연간 단위로 급여액을 결정하는 성과주의 보상체계로서 1993년 두산그룹이 최초로 도입한 이래 성과주의 조직문화와 함께 지속적으로 확산되어 왔으며, 2006년 통계청의 기업활동 실태조사 결과에 의하면 조사대상 10,786개 기업 중 7,263개 기업이 연봉제를 실시하고 있다고 답하여 그 비율이 67.3%에 이르고 있다. (자료출처: 중소기업의 성과관리 시스템과 인적자원관리/전경련)

나. 중소기업의 경우 업적평가와 능력·태도 평가를 종합한 고과의 결과를 연봉인상율의 결정에 반영하는 경우가 많으나 성과관리 시스템의 미비로 인하여 핵심요소인 성과평가가 취

약하고 능력·태도 평가 또한 주관적인 경향을 벗어나지 못해 연봉제에 대한 구성원의 신뢰를 떨어뜨리는 결과를 초래하는 경우가 많은 실정인데 전략적 성과관리(BSC)를 통하여 개선이 가능하다.

다. 중소기업의 경우 바람직한 보상과의 연계방식은

- 핵심성과지표(KPI)에 의한 업적평가 결과와 능력·태도 평가를 종합한 인사고과를 반영할 경우 업적평가 비중을 크게 높이는 방법(직급에 따라 60~70%)이 있고,

- 연봉인상율의 결정에는 업적평가만 반영하고 능력·태도 평가결과는 업적평가 결과와 함께 승진, 승급에만 반영하는 방안 중에서 택일하도록 하는 방법이 효과적일 수도 있다.

라. 또한 연봉의 구성은 기본연봉, 제수당 및 상여금(고정상여금+변동상여금)으로 하되 기본연봉의 인상율은 개인의 업적평가에 따라 결정하고, 변동상여금의 지급율은 회사의 주요 경영성과지표와 집단(사업부 또는 팀)의 성과평가에 연동해서 지급하는 것이 연봉제의 취약점을 보완하는 방편이 될 수 있다.

- 변동상여금의 지급율을 결정하는 1차적인 지표는 예를 들어 매출신장율, 영업이익, 경상이익 또는 EVA 등이며 2차 지표는 개인이 소속한 사업부 또는 팀의 KPI 성과 등

마. 중소기업의 경우 평가에 대한 신뢰도가 낮은 초기단계(평가제도 미정착, 평가자 미숙)에서는 평가의 등급(3등급 정도)과 이에 따른 급여의 차등폭이 작은 수준으로 출발하여 성과주의 문화의 성숙과 함께 점진적으로 높여 나가는 것이 바람직하다.

(1) 성과배분제도

가. 성과관리 시스템의 필요성 및 장점에도 불구하고 중소기업에서 이를 성공적으로 운영하는 일은 쉽지 않으며, 창업기와 집단공동체 초기에 잘 형성된 팀워크가 왜곡된 성과관리 시스템의 운영으로 약화될 가능성도 있다.

나. 이와 같은 염려가 클 경우 본격적인 성과관리 시스템의 도입에 앞서 집단적 성과배분제의 도입을 고려해 볼 수 있다.

다. 성과배분제는 근로자의 참여를 통해 우선적인 기업의 목표 매출의 증대, 또는 이익/EVA의 증가 또는 생산성 향상, 또는 비용절감 등의 목표를 정하고 회사의 경영성과가 목표치를 상회하는 경우 사전에 합의한 기준에 따라 근로자에게 집단적으로 보상하는 제도를 의미하는데 성과지표나 배분율의 결정은 노사 간의 합의에 의해 정해지는 것이 일반적이나 노조가 없는 중소기업의 경우 사용자가 사전에 이를 공표하여 시행할 수 있다.

라. 성과주의 문화를 조성하기 위해 단독으로 이를 도입하거나 또는 연봉제와 병행, 실시함으로써 연봉제가 초래할 수 있는 집단의식의 약화를 보완할 수 있고 회사의 성과향상을 위해 근로자의 일체화된 에너지를 불러일으킬 수 있는 방편으로 활용될 수 있다.

마. 성과배분제는 성과산정의 기준과 방법에 따라 이익분배제(Probit

Sharing System)와 집단성과배분제(Gain Sharing System)로 구분할 수 있는데 이익분배제는 회계연도 중 발생한 이익이 목표치를 초과하는 경우 초과분의 일부를 사전에 정해진 분배비율에 따라 근로자들에게 지급하는 사후 보상방식이다.

바. 중소기업의 경우 구성원의 공동체적인 에너지를 한 방향으로 결집하는 수단으로 집단성과배분제의 적극적 활용이 권장되고 있다.

집단성과배분제의 성공적인 도입을 위해서는 조직원들로 하여금 얼마나 적극적으로 성과향상 과정에 참여하도록 할 수 있는가와 성과향상의 과실을 어떻게 공정하게 배분하느냐가 중요한데 개인에 대한 배분은 개인의 업적에 연동시키거나 개인이 속한 집단(사업부, 팀)의 업적에 연동시키거나 또는 업적에 관계없이 일률적으로 지급하는 방식 중에 택일할 수 있다.

7. 바람직한 중소기업의 인사 및 성과평가제도

중소기업에서 성과를 관리하기 전에 반드시 해야 할 작업이 조직의 구조를 변화함과 동시에 경영자와 조직원의 마인드를 먼저 전환하지 않은 채로 단기간의 성과만을 기대하고 Topdown식으로 밀어붙여서 BSC를 구축하면 100% 실패한다.

BSC는 본래의 목적이 성과를 모니터링하는 도구로서 본래의 목적대로 활용할 때 높은 성과를 보장할 수 있는 것이지 단순히 성과의 창출에만 집착하면 많은 부작용 예상된다.

"혁신하려면 직원들에게 동기를 부여하고 성과로 평가하라"

2008년 2월 21일~22일 이틀간 서울에서 세계 각국 정상급 지도자들이 참석한 가운데 '제2회 아시안 리더십 콘퍼런스'에서 카를로스 곤 르노-닛산 사장은 "기업 혁신을 위한 새로운 리더십"이라는 제목의 기조연설에서 "방향설정(navigation)과 동기부여(motivation), 투명성이 보장된 중재(arbitration)가 효과적인 리더십의 핵심"이라고 했다.

곤 사장은 1999년 경영위기에 직면한 일본 닛산차를 맡아 과감한 기업 혁신으로 흑자를 낳은 '혁신의 마술사'다. 타이어 생산기업인 미셰린 CEO(1989년)와 르노 부사장(1996)을 거친 그는 닛산을 부활시킨 공으로 2004년 일본 정부로부터 '남수포장(藍綬褒章)'을 받았다. 외국인 경영자로는 처음이다. 그는 "기업의 규모가 커지고 조직 구성원의 다양성이 증가하면서 효과적인 리더십을 통해 변화하는 환경에 빠르게 적응하는 기업만이 살아남을 수 있다."고 했다.

(1) 방향과 목표를 제시하라

그가 말하는 '방향설정'은 단순한 비전 제시 이상이다. 조직이 어디로 향할지 진로와 목표를 구체적으로 정하는 것이다. 곤 사장은 "우선 기업의 현 상황을 파악하는 것이 중요하다."며 "1999년 닛산에 발령받은 직후 1000명의 사람을 만나 얘기를 들으며 닛산의 '현재'를 철저히 관찰, 분석했다."고 말했다. 그 후 그가 내놓은 것이 유명한 '닛산 리바이벌 플랜(Nissan revival plan · 닛산회생계획)'이다. 그는 과감한 구조조정과 비용절감을 통해 2001년 1조 4,000억 엔에 달하던 닛산의 악성부채를 모두 청산하고 29억 달러의 흑자를 이뤄 냈다.

그는 "기업의 목표는 환경변화에 쉽게 휘둘리지 않는 명확성을 가질 때 종업원들이 추진할 수 있는 동기가 생긴다."며 "이를 추진하는 과정을 수익이라는 핵심 지표로 계속 측정해야 한다."고 말했다.

(2) 동기부여는 리더의 필수

그는 직원들이 목표를 달성하도록 동기부여할 수 없는 리더는 리더가 아니라고 단언했다. 닛산의 경우처럼 절망적 상황에서는 강한 동기부여야말로 기업의 핵심 자산이며, 이로 인해 수천 명의 직원이 매일의 업무에서 변화를 시도할 수 있다는 것이다. 그는 "전략과 비전 제시가 기업의 최상층에서 나오는 것이라면, 동기부여의 리더십은 경영의 모든 부문에서 나오는 것"이라며 "특히 젊은이들이 혁신을 이뤄 낼 수 있는 기회를 많이 제공해야 한다."고 말했다.

(3) 성과로 평가하라

그는 동기부여를 위해서는 연공서열이 아닌 성과 위주로 승진이 이뤄져야 한다고 강조하면서 직원채용 시 본국의 명문대 출신만 고집하는 아시아적 기업환경을 꼬집었다. 이는 지극히 일본적 기업인 닛산에서 외국인 사장이 해결해야 했던 숙제이기도 했다.

그는 "리더는 '중재' 역할에 충실해야 한다."며 "안전한 길만 가거나 문제를 숨기기에만 급급한 직원, 단지 승진할 연차가 되기를 기다리는 직원에게 보상이 주어져서는 안 된다."고 했다.

실제로 그는 철저한 성과 위주의 평가를 통해 전체 사원의 14%에 해당하는 2만 1000명의 인원을 감축하고 20개 판매회사 사장과 중간관리층을 갈아 치웠다. 곤 사장은 또 "처벌만 강조하면 직원들은 목표를 매우 낮게 잡고 안주할 것"이라며 "실수가 생겼다면 그로부터 배울 수 있는 환경을 조성해야 한다."고 했다.

곤 사장은 끝으로 기업경영의 투명성을 강조했다. 그는 "기업의 모든 부문을 최대한 투명하게 해야 신뢰받는 리더가 될 수 있으며 기업 역시 세계무대에서 장기 발전할 수 있다."고 말했다.

(4) 리더십의 발현

전략집중형조직(SFO)의 5단계는

1단계: 변화와 혁신의 리더십

2단계: 전략을 실천적 용어로 변환

3단계: 전략을 조직에 할당

4단계: 전략을 일상 업무화하여 동기부여

5단계: 전략을 지속적 프로세스화

에서 언급하고 있는 바와 같이 제일 중요한 것이 변화와 혁신의 리더십을 리더가 먼저 실천하면서 조직의 변화를 추구해야 성공한다.

<전략집중형 조직(SFO)>

(5) 책임과 권한의 위임

책임과 권한을 위임하여 자율과 책임경영이 가능한 기반을 형성하고 책임의 추궁과 질타가 아니라 격려와 후원을 보내는 조직마인드를 가지고 추진할 때 성공한다.

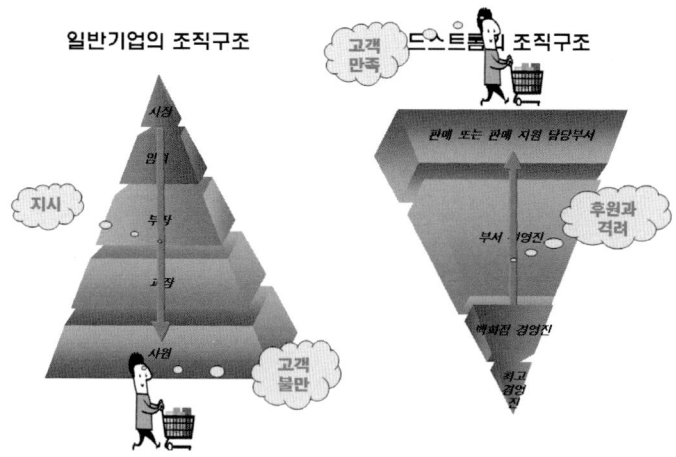

<바람직한 조직과 마인드>

8. 보상관리의 원칙

　모든 직원이 만족하는 보상을 하기란 쉬운 일이 아니다. 외부와 비교하여 상대적으로 높은 수준의 보상을 실시하는 기업에서도 내부의 보상체계에 대한 불만이 있을 수 있고, 직원 개개인별의 요구수준이 다양하기 때문에 이를 모두 만족시킬 수는 없습니다. 더군다나 한정된 자원을 가지고 분배를 하는 경우 보상관리는 더욱 어려운 문제일 것이다.

　보상관리는 직원들의 사기 진작과 생산성에 직결되기 때문에 인사담당자나, 경영자들이 소홀히 할 수 없는 고민이 아닐 수 없다. 이런 모든 고민을 해결할 수 있는 정답이 있을 수는 없겠지만 아래의 몇 가지 원칙들을 통해 각 기업에 맞는 효과적인 보상관리의 실마리를 찾을 수 있다.

1) 보상관리의 8가지 원칙

　기업의 인사제도 중에서 가장 중요한 부문이 보상관리라고 할 수 있다. 왜냐하면 종업원들이 가장 민감하게 반응하는 생계차원의 항목이기도 하지만 종업원들의 사기를 올렸다, 내렸다 할 수 있는 '마술지팡이'로도 가능하기 때문이다.

　초기에 보상문제는 '수준'이 주요이슈가 되었다. 수준이 문제가 된다는 것은 '배고픈 문제'를 해결하기 위한 것이다. 지금 현재 급여가 얼마인데 얼마로 올려 달라는 요구가 그것이다. 그러나 최근에 와서는 수준보다 누가, 어떤 항목으로, 어떤 기준에 의하여, 얼마를 더 받고 있느냐를 따지는 '체계' 문제가 대두되고 있다. 즉 배가 고파서가 아니라 나는 얼마 받는데 내주위의 동료는 나보다 10,000원이 많다. 왜 많을까? 무슨 기준에 의해 그럴까를 따지다 보면 배고픈 문제가 아니라 '배아픈 문제'로 바뀌어 간다.

흔히 90,000원인 술값으로 100,000원을 지불하였다면 10,000원이 아무것도 아닌 것으로 생각되는데 450원짜리 버스비를 500원 동전을 내고 거스름돈을 받지 못하면 매우 아까워하듯이, 내 동료가 자기보다 기본급 20,000원 더 받는 것이 타사의 아무개가 몇백만 원 더 받는 것보다 훨씬 배가 아프다.

일반적으로 급여를 결정하는 기본요인은 종업원의 직급, 근무기간 그리고 실적이다. 연공서열에 따라 종업원에게 보상을 할 때 모두 똑같은 비율로 인상하게 된다면 그것은 인센티브가 자격만 되면 받게 되는 연금과 다름없다.

이는 빈둥빈둥 노는 직원에게 꼬박꼬박 급여를 주면서 열심히 일하는 직원에게는 다른 직장을 찾게 만드는 지름길이다. 이러한 임금을 결정하는 수준과 체계를 고려하는 데 있어 주의해야 할 사항 8가지를 제시하고자 한다.

자료출처: Steven Kerr(GE 리더십 개발센터 소장)

(1) 급여를 직급에 연동시키지 말라

50~60년대 고급인력이 부족하던 시절에는 대학 나온 화이트칼라는 누구나 고속승진과 그에 따른 두둑한 급여, 특전을 기대할 수 있었으나, 요즘과 같은 감량경영시대에는 수많은 동년배 그룹이

얼마 되지 않는 승진의 사닥다리를 오르려 치열한 경쟁을 벌이고 있다.

따라서 직급연동 급여체제를 지속한다면 불만을 갖는 사원이 많아질 것이다. 앞으로 기업에서는 승진해야만 급여가 오른다는 생각을 불식시키기 위해 노력해야 한다. 급여체계를 축소하는 움직임은 승진하지 않고도 봉급이 올라갈 수 있는 기회를 확대하기 위한 것이다.

또 스톡옵션을 받을 수 있는 사원의 수를 대폭 확대해야 하고 그리고 부하직원수나 근무연한이 아니라 업무에 대한 지식을 토대로 관리자들의 급여를 책정하는 프로그램을 만들어 가야 한다.

(2) 급여체계를 이해하기 쉽게 만들라

한 자동차 부품업체는 일부 우수근로자들이 급여조건이 열등한 경쟁업체로 떠나고 있다는 사실을 알고는 크게 놀랐다. 경쟁업체는 임금은 많았지만 보건, 의료, 생명보험 등 부가급부를 포함하면 비교도 되지 않을 정도였다.

문제는 그 회사의 인사부서에서 급여체계를 너무 복잡하고 난해하게 설명했기 때문에 근로자들이 자신의 총 급여가 어느 정도인지 전혀 몰랐던 것이다. 그 회사는 만화를 곁들여 간단명료하게 설명한 소책자를 발행해 문제를 해결했다.

(3) 보상에 대해서는 널리 알려라

사원의 우수실적에 대해 보상할 때는 그 사실을 공표하라. 100,000원의 특별보너스를 줄 때 주는 사람과 받는 사람 외에 아무도 모른다면 다른 사람들에 대한 동기부여효과는 기대할 수 없다. 물론 미국에서는 개인의 급여를 공개하지는 않지만, 사실이 은폐되면 루머가 떠돌기 마련이다.

여러 가지 조사에서도 대부분의 봉급생활자가 동료에 비해 좋은 대우를 받지 못한다고 생각하는 것으로 나타나고 있다. 모든 사람의 봉급과 보너스를 공개한다면 대부분의 직원들은 안도의 한숨을 내쉴 것이다.

주의해야 할 점 한 가지는 객관적이고 공정하다는 확신이 서기 전에는 직원들의 급여에 대해서 언급하지 말라는 것이다. 결정사항에 대해 설명하고 변론할 준비가 돼 있지 않은 경우에는 입을 다무는 것이 좋다는 얘기다. 또 한 가지는 동료들과 달리 특별대우를 받는 것을 모든 근로자들이 좋아하지는 않는다는 점이다. 한국이나 일본 같은 기업문화에서는 개인의 공개적인 칭찬은 그 집단의 화합을 해치는 행위로 간주되기도 한다.

(4) 보상은 즉시 하라

보상을 연기하면 안 준 것만 못하다. 실험용 쥐에게 레버를 당기도록 하고는 9개월 후에 설탕 한 조각을 준다면, 쥐는 그 이유를 모를 것이다. GE에서는 사원들이 동료를 서로 평가하도록 한다.

GE메디컬 시스템에서는 동료사원이 모범사원을 추천토록 해서 25달러짜리 상품을 주고 있다. 사원자신이 직접 우수한 동료에게 상품권을 나눠 주기도 한다. 뜻밖에도 상급자들보다 사원들이 동료

이론편

의 평가에 훨씬 더 엄격한 경향을 보이고 있다. 수상자입장에서는 25달러보다 동료의 추천을 받았다는 사실이 더 중요한 것이다.

그렇다고 즉각적인 보상이 항상 효과적이란 얘기는 아니다. 한 최고경영자가 중간관리자로부터 브리핑을 받은 후 형식적으로 고맙다는 말만 남기고 자리를 떴는데, 그 다음날 다시 전화를 걸어 "어제 자네의 브리핑이 큰 도움이 되었네" 하고 말했다. 이 경우에는 잠시 뜸을 들인 것이 칭찬의 효과를 배가시킨 것이다.

(5) 보상을 철회할 수 있도록 하라

최고경영자의 판단에도 실수가 있기 마련이다. 보상결정이 일부 잘못된 것일 수도 있고, 회사의 사정이 악화될 수도 있다. 임금인상을 취소하기란 사실상 불가능하다. 그러나 보너스의 경우에는 그 결정이 지속적인 효과를 갖는 것은 아니다.

사원은 계속 좋은 실적을 올려야만 다음번에도 보너스를 기대할 수 있다는 것을 알고 있다. 주의해야 할 것은 가변급여제가 효과를 보려면 말 그대로 가변적이어야 한다는 점이다.

일부기업에서는 보너스가 고정화되어 명목만 다른 임금의 일부로 간주되기도 한다. 경쟁업체의 급여체계에도 주의를 기울여야 한다. 직원들이 보너스를 받아야만 같은 업종과 급여수준을 맞출 수 있다면, 낮은 본봉체계를 근본적으로 개선해야 할 것이다.

(6) 금전외적인 보상을 활용하라

애당초 자금난에 허덕이는 회사는 아무리 정확한 평가가 이루어진다 해도 직원들에게 돌아가는 몫이 적기 때문에 모두가 불만일 수밖에 없다. 이럴 경우에는 금전외적인 인센티브를 활용해 봄직하다.

물론 제대로만 사용된다면 돈만큼 동기유발효과가 확실한 것도 없지만, 비금전적인 보상도 다음과 같이 상당한 이점을 지니고 있다.

　가. 우선 철회가 가능하다. 6%의 임금인상을 없었던 일로 하기보다는 권한을 줄이거나 알짜 프로젝트 참여기회를 제한하는 것이 훨씬 쉽다.

　나. 제약 없이 인센티브를 창출할 수 있다. A사원에게 100,000원의 보너스를 주면 다른 사원에게 줄 돈이 그만큼 줄어들지만, 금전외적인 인센티브는 제약이 거의 없다.

오늘 B사원에게 재미있는 일을 맡기고 사내보에 이름을 올려주며, 사장 앞에서 브리핑할 기회를 준 후, 내일은 C사원에게 똑같은 기회를 줄 수 있는 것이다. 그런 인센티브를 너무 많이 사용하면 그만큼 값어치가 없어지는 것은 물론이다.

(7) 급여정책 맹신주의자가 되지 말라

인센티브 급여제도에 의미를 두지 않는 문화도 있다는 점을 염두에 두어야 한다. 언젠가 실적급 확대의 필요성에 대해 강연한 후, 어느 일본인 경영자가 이렇게 반론을 제기했다. "아이들이 숙제를 하거나 아내가 식사준비를 하거나, 근로자가 회사를 위해 일하는 것은 돈으로 유도해서 될 일이 아니다."라고 그와 같은 철학적 문제보다 좀 더 현실적인 문제로 보너스를 반대하는 나라도 있다.

근로자들이 돈 대신 여가시간 휴양지 이용권 등, 세금을 물지 않아도 되는 인센티브를 원하는 것이다. 그렇다고 인사원칙을 포기 하란 얘기는 아니다. 문화적 차이를 감안해 인사방침을 조정해야 한다는 것이다.

(8) 밝게 생각하라

당신이 회사가 위의 법칙을 대부분 이행하고 있지 못한다 해도 절망할 필요는 없다. 다른 경쟁업체도 필경 마찬가지 상황일 것이 다. 따라서 당신의 회사는 돈을 들이지 않고도 경쟁업체보다 한발 앞서 갈 수 있는 절호의 찬스를 맞는 것이다.

직원에 대한 보수정책에 관한한 얼마나 많이 주느냐 하는 것보 다 한정된 자금을 얼마나 효과적으로 배분하느냐 하는 것이 무엇 보다 중요하다.

2) 평가 및 보상의 사례

평가 시에는 개인의 역량평가와 성과평가를 동시에 시행하는 경 우와 성과평가만으로 평가하는 경우가 있는데 중소기업의 경우는 평가의 간소화와 잡음의 방지를 위해서 성과평가만으로 평가하는 것이 관리인력, 비용, 운영의 용이성 등을 고려할 때 효과적이라고 생각한다.

보상은 상여금, 포상금 등 금전적 보상과 승진, 교육, 연수 등 비금전적 보상이 있는데 기업의 실정에 맞게 적절하게 조정 시행함이 타당하다고 생각한다.

금전적 보상만으로 실시할 경우 잘못하면 임금만 상승시키는 나쁜 결과를 초래할 수 있음으로 장기적인 관점에서 조직원들에게 수혜될 수 있는 비금적적 보상을 적절히 혼합 활용하는 것이 경영자나 조직원 모두를 위해서 바람직하다고 생각한다.

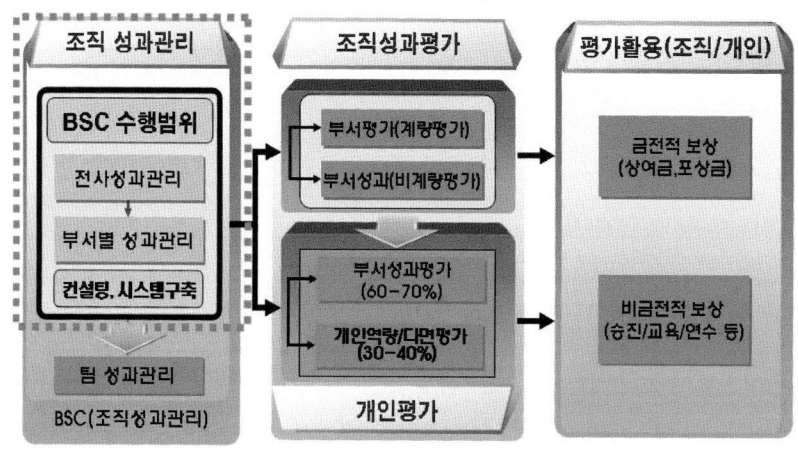

<성과평가 및 보상사례>

최봉학 _____

▌약 력

한성대 디지털중소기업대학원
기술지도사(정보처리)
경영컨설턴트
Ansoff 전략 컨설턴트
QMS 국제심사원
기업가치평가사
한국BSC연구회 회장
한국컨설팅협회 경영지원단 전문위원
한국컨설팅협회 BSC 전문강사
한국강사협회 명강사 회원
다수의 공사기업 BSC 구축 PM

▌주요 저서

평가에서 보상까지 한권으로 끝내주는 BSC(2006년) / 한국학술정보(주)
면접에서 육성까지 한권으로 끝내주는 기질면접(2008년) / 한국학술정보(주)
사례로 배우는 중소기업의 전략적 성과관리(BSC) 이론편(2009년) / 한국학술정보(주)
사례로 배우는 중소기업의 전략적 성과관리(BSC) 실무편(2009년) / 한국학술정보(주)
창업풍수(2009년) / 한국학술정보(주)

사례로 배우는
중소기업의
전략적 성과관리(BSC) 이론편 _____

초판발행 2009년 3월 17일
초판 4쇄 2019년 1월 11일

지은이 최봉학
펴낸이 채종준

펴낸곳 한국학술정보(주)
주소 경기도 파주시 회동길 230 (문발동)
전화 031 908 3181(대표)
팩스 031 908 3189
홈페이지 http://ebook.kstudy.com
E-mail 출판사업부 publish@kstudy.com
등록 제일산−115호(2000.6.19)

ISBN 978-89-534-1370-2 14320 (Paper Book)
      978-89-534-1371-9 18320 (e-Book)
      978-89-534-1368-9 14320 (Paper Book Set)   20,000원
      978-89-534-1369-6 18320 (e-Book Set)